Band 579

Ulrich Nonn

Die Franken

Verlag W. Kohlhammer

Umschlagmotiv: Die aus dem 5. Jahrhundert stammende Grabinschrift wurde auf dem Gräberfeld von St. Matthias in Trier gefunden. Der Name spricht für einen Knaben germanischer (fränkischer?) Herkunft, dessen Eltern wohl zugewandert waren. Trotz Irrtümern im Text und der verballhornten Einleitungsformel *hic qui vixit* statt *hic requiescit* zeigt die Inschrift die Bemühung, an das traditionelle Formular frühchristlicher Inschriften anzuknüpfen.

HIC QVI VIXIT MERA / BAVDIS IN PACE QVI VIXIT / ANNO ET ME(NSES) XI PATRIS / DVLCISSIME TITVLV(M) / POSVERVNT.

In Übersetzung: »Hier ruht Merabaudis in Frieden, der ein Jahr und 11 Monate gelebt hat. Die liebevollen Eltern haben die Grabinschrift gesetzt«.
(Rheinisches Landesmuseum, Trier)

Alle Rechte vorbehalten
© 2010 W. Kohlhammer GmbH Stuttgart
Karten: Peter Palm, Berlin
Gesamtherstellung:
W. Kohlhammer Druckerei GmbH + Co. KG, Stuttgart
Printed in Germany

ISBN 978-3-17-017814-4

Inhaltsverzeichnis

Vorwort 9

1 Name, Volk und Land der Franken 11
   1.1 Der Frankenname 11
   1.2 Ein Volk der Franken oder fränkische Völker? 15
   1.3 Die *Francia*, das Land der Franken 31

2 Die Nachbarschaft der Franken und Römer bis zum Ende des 4. Jahrhunderts 36
   2.1 Zwischen Angriff, Verteidigung und Ansiedlung: die fränkisch-römischen Beziehungen bis zur Tetrarchie 36
   2.2 Erfolgreiche Abwehr neuer fränkischer Angriffe und die Stabilisierung der Rheingrenze unter Konstantin I. 42
   2.3 Neue schwere Einbrüche in das Reich und die erfolgreiche Restauration durch Kaiser Julian 46
   2.4 Grenzsicherung und Integration unter Valentinian I. (364–375) 52
   2.5 Neue fränkische Einbrüche, römische Gegenschläge und Grenzsicherung durch Verträge: Die Zeit Gratians und Valentinians II. 58
   2.6 *Dux, regalis, subregulus, rex* – das Problem der frühesten fränkischen Könige 63

3 Die fränkisch-römischen Beziehungen in der ersten Hälfte des 5. Jahrhunderts 68
   3.1 Die Ära Stilichos: Ruhe vor dem Sturm und die Katastrophe von 406/07 68

3.2 Neues Chaos in Gallien und der Retter Aetius 72
3.3 Die Salfranken unter König Chlodio 79
3.4 Neue Gefahr aus dem Osten: die Hunnen 84
3.5 Neue Einfälle: die Franken am Rhein 90

4 Der Aufstieg des salfränkischen Königtums 95
4.1 Schwache Kaiser, starke Heermeister und ein gallorömischer »König der Franken« 95
4.2 Kämpfe mit Westgoten, Sachsen und Alemannen ... 101
4.3 Ein Rest römischer Herrschaft in Trier: der *comes* Arbogast 103
4.4 Von römisch-fränkischer Partnerschaft zur Rivalität: Childerichs letzte Jahre 107
4.5 Das Grab Childerichs 110

5 Lebensform und Kultur der Franken 114
5.1 Gräber als Zeugnisse des Lebens 114
5.2 Siedlungsformen der Franken 117
5.3 Die Landwirtschaft 122
5.4 Zur Alltagskultur der Franken 126

6 Schluss: Ein auserwähltes Volk? 132

Anmerkungen 136

7 Zeittafel 146

Verzeichnis der Abkürzungen 150

8 Quellen und Literatur 151
8.1 Quellen 151
8.2 Literatur 153

Register 167

Karten

Karte 1: Die fränkischen Stämme rechts des Niederrheins
im 4. Jahrhundert 16

Karte 2: Ausschnitt aus der Peutinger-Karte mit dem
Namen »FRANCIA« 32

Karte 3: Das Vordringen der Franken im Nordwesten
Galliens 37

Karte 4: *Francia Rinensis* des Kosmographen von
Ravenna................................ 91

Karte 5: Die Ausbreitung der fränkischen Herrschaft in
den Rheinlanden vor und seit Chlodwig I. 104

Abbildung

Undatierte Grabinschrift eines fränkischen Soldaten
in römischen Diensten 53

Vorwort

Wer unvoreingenommen von »Franken« hört, kann höchst unterschiedliche Assoziationen haben. Karl der Große nannte sich »König der Franken«. Touristisch beliebt sind Reisen ins Frankenland mit dem Genuss von Frankenwein; das harte »R« des fränkischen Dialekts bleibt im Ohr. Man befindet sich allerdings in Bayern; zum Freistaat gehören die Regierungsbezirke Ober-, Mittel- und Unterfranken. Ist Frankreich das Land der Franken? Und schließlich die Zwillingsformel »frank und frei«: Wie hängt das alles mit dem historischen Volk der Franken zusammen? Gab es überhaupt ein »Volk« der Franken, einen »Stamm«, ein »Ethnos«? Das Buch möchte die frühe Geschichte der Franken darstellen von ihren ersten Einfällen in Teile des *Imperium Romanum* in der Mitte des 3. Jahrhunderts bis zum Aufstieg ihres Königs Chlodwig I. (482–511). Dieser begründete das fränkische Großreich, und dessen Dynastie, die Merowinger, stellte für zweieinhalb Jahrhunderte die Könige, ehe mit der Königserhebung Pippins 751 die Karolinger die Herrschaft übernahmen.

Die wissenschaftliche Literatur zu diesem Thema ist kaum noch zu überblicken – ganz im Gegensatz zu den eher spärlichen Schriftquellen für diesen Zeitraum. Wären wir allein auf sie angewiesen, blieben viele, allzu viele Fragen offen. Hier helfen die Ergebnisse der archäologischen Forschung, die seit dem vorigen Jahrhundert unsere Kenntnis gewaltig erweitert hat und immer noch vermehrt. Während der Historiker immer wieder die selben, altbekannten Quellen hin und her wendet und mit den stetig verfeinerten Methoden der Quellenkritik untersucht, beneidet er den Archäologen, der ständig neue Funde und damit »Quellen« zutage fördert und unser Bild der frühen Frankenzeit bereichert. Dennoch bleiben manche Fragen offen, sind Deutungen umstritten, werden Einzelprobleme heftig diskutiert, wie sich im Verlauf unserer Darstellung immer wieder zeigen wird. Dennoch sei der Versuch einer Synthese auf dem heutigen Forschungsstand gewagt.

Dabei sollen die Quellen ausgiebig zu Wort kommen und so dem Leser die Möglichkeit bieten, die jeweilige Interpretation nachzuvollziehen. Die Anmerkungen dienen lediglich dem Nachweis der Zitate aus Quellen und Sekundärliteratur; für weitere eigene Nachforschungen sei auf das Quellen- und Literaturverzeichnis verwiesen.

Der Autor fühlt sich vielen Forschern verpflichtet, von denen einer hier hervorgehoben sei: Eugen Ewig (1913–2006), der das Interesse an den Franken weckte und die eigene wissenschaftliche Arbeit stets fördernd begleitete – von den Vorlesungen und Seminaren im Studium bis zu Gesprächen in seinen letzten Lebenstagen. Seinem Andenken sei dieser Versuch gewidmet. Ein herzlicher Dank gilt meinem Freund Frank Kohlmeier, der die Mühen der Korrektur teilte, und Frau Monica Wejwar vom Kohlhammer Verlag für die erfreuliche Zusammenarbeit.

1 Name, Volk und Land der Franken

1.1 Der Frankenname

Wer im Mittelalter nach einer Erklärung des Namens »Franken« suchte, konnte in dem weit verbreiteten Nachschlagewerk des Isidor von Sevilla (um 560–636) nachschlagen. Seine *Etymologiae sive origines* in 20 Büchern boten eine Enzyklopädie des Wissens seiner Zeit, die geradezu zum »Brockhaus des Mittelalters« wurde. Isidor gibt neben der Sacherklärung auch immer eine etymologische Erläuterung der Herkunft des betreffenden Begriffs oder Namens. Im zweiten Abschnitt des neunten Buchs »Über die Namen der Völker« (*De gentium vocabulis*) liest man:

> »Die Franken – so glaubt man – werden nach einem gewissen eigenen Anführer (*proprius dux*) benannt. Andere meinen, sie seien nach der Wildheit ihrer Sitten (*feritas morum*) benannt. Bei ihnen herrschen nämlich rohe Sitten und eine Wildheit der Gemüter (*ferocitas animorum*)«[1].

Mit dem *proprius dux* ist sicher der sagenhafte Heros eponymos Francio gemeint, der in der um 660 verfassten Chronik des sog. Fredegar im Rahmen der trojanischen Herkunftssage der Franken als ihr dritter König nach Priamus und Friga erscheint. Sie hätten auf ihrem Weg nach Europa »schließlich einen König mit Namen Francio erwählt, nach dem sie Franken genannt werden«[2]. Die etymologische Herleitung findet sich schon vor Isidor in einer griechischen Abhandlung »Über die römischen Staatsbehörden«, die der byzantinische Beamte Johannes Lydos um die Mitte des 6. Jahrhunderts verfasste. Er schreibt:

»Denn er [Justinian] drohte auch den Sugambrern, darüber zu wachen – die am Rhein und an der Rhone Wohnenden bezeichnen diese in der Gegenwart nach ihrem Führer als Franken –«.³

Ein Heros eponymos der Franken erscheint auch in der Völkertafel in der aus dem frühen 9. Jahrhundert stammenden *Historia Brittonum*. Dieser Stammbaum der Völker geht zurück auf die sog. Fränkische Völkertafel (wohl im späten 7. Jahrhundert entstanden); sie nennt als Nachkommen eines Hisissio (=Istio; vgl. Istwi bei Tacitus) die Romanen, Franken, Alemannen und Brittonen. Der Verfasser der *Historia Brittonum* individualisiert nun diese Völker und zählt Istios vier Söhne auf: Francus, Romanus, Britto, Albanus (sic!)⁴.

Die Wildheit und Tollkühnheit der Franken konnte Isidor schon bei spätantiken Autoren finden. So hebt ein Panegyricus von 297 »jene unglaubliche Kühnheit« und die »piratische Tollkühnheit« der Franken hervor⁵. Und in einem Panegyricus für Konstantin (275–337) von 313 werden die römischen Soldaten den Franken gegenübergestellt: »Den römischen Soldaten aber, den – welcher auch immer er sei – die Disziplin in Reih und Glied aufstellt und das heilige Versprechen des Eides stärkt, oder den grimmigen Franken, der – allein vom Fleisch wilder Tiere strotzend – sein Leben geringschätzt für den Nutzen seines Lebensunterhaltes: welch großer Mühe bedarf es, diese Leute zu überwinden oder gefangenzunehmen!«⁶. Und 321 heißt es in einem Panegyricus auf die Konstantin-Söhne:

> »Die Franken selbst – die wilder als die übrigen sind, deren Gewalt, als sie sich zum Krieg entfachte, selbst über den Ozean mit dem Feuer der Wut übergesetzt war – hielten sogar die Küsten der Hispanier mit Waffen in Unruhe.«⁷.

Eine etymologische Erklärung schließlich bietet der aus Antiochia stammende Redner Libanios in seinem griechischen Panegyricus auf Kaiser Constans (337–350) von 348/49. Er behauptet, der Frankenname beruhe auf einem Missverständnis:

> »Es gibt ein keltisches [gemeint: germanisches] Volk jenseits des Rheins; sein Gebiet erstreckt sich bis zum Ozean; es ist derart gut

für das Kriegshandwerk gewappnet, dass die Leute von den Kriegstaten ihren Namen gewonnen haben und *Phraktoi* genannt werden; dass sie von der Menge als *Frankoi* bezeichnet werden, ist eine durch die Unwissenheit der Menge verfälschte Benennung.«[8]

Phraktoi sind »die Gewappneten, die Gepanzerten«. Des Weiteren hebt Libanios Zahl, Stärke und Kühnheit der Franken hervor:

> »Sie übertreffen durch ihre Zahl alles, aber durch die Streitkraft ihrer Menge gewinnen sie auch die Überlegenheit. [...] Sie haben für sich selbst Ehrengaben für Tollkühnheit und Ehrungen für Verwegenheit verordnet. Als Schwäche stufen sie vollends die Ruhe ein.«[9]

Eine Erinnerung an den angeblich griechischen Ursprung des Frankennamens findet sich um 727 im *Liber historiae Francorum*. Im Rahmen des trojanischen Herkunftsmythos der Franken berichtet der Autor von Kämpfen Kaiser Valentinians II. (375–392) mit den Alanen, die – nach ihrer Niederlage – in die Maeotischen Sümpfe flohen. Im Auftrag des Kaisers nahmen die Trojaner die Verfolgung auf, »vertrieben die Alanen von dort und vernichteten sie mit der Kraft des Schwertes. Damals gab ihnen Kaiser Valentinian aufgrund ihrer unbeugsamen Verwegenheit den Namen Franken, was in der griechischen Sprache (*Attica lingua*) so viel wie ›die Wilden‹ (*feros*) heißt.«[10] Im 4. Jahrhundert war es nicht unüblich, dass die Kaiser ihren Hilfstruppen einen Kriegsnamen gaben. Die Deutung als »die Wilden« konnte unser Autor schon bei Isidor finden (s. o.), nicht aber den Hinweis auf das Griechische. Diesen Zusammenhang kannte aber offenbar noch der Verfasser der *Origo Francorum*, die nur in einer Bonner Handschrift überliefert ist und frühestens aus der Mitte des 8. Jahrhunderts stammt. Er kleidet die Namengebung durch den Kaiser in ein wörtliches Zitat: »Und der Kaiser sprach: ›Zurecht sind die Franken nach der Härte des Eisens (*duricia ferri*) und/oder der Wildheit des Gemüts (*feritas cordis*) benannt.«[11] Das griechische *phraktos* konnte man eben auch mit *ferreus* (»eisern«) übersetzen, und damit war die Ähnlichkeit und mögliche Verwechslung mit *ferus* (»wild«) gegeben. Isidors Herleitung von der Wildheit der Gemüter blieb dann prägendes Vorbild. So begründete Ermoldus Nigellus in seinem Preisgedicht auf Ludwig den Frommen den Frankennamen: »Ich schaudere davor, den Namen der Franken zu betrachten; der Franke hat nämlich seinen Namen von seiner Wildheit (*feritas*)«.[12]

Lag der gelehrte Isidor mit seiner Herleitung richtig? Die wissenschaftliche Namenkunde gibt ihm überwiegend recht. Zugrundeliegen dürfte eine indogermanische Wurzel **preg-*, germanisch **freka* »gierig, heftig«; sie begegnet in althochdeutsch *freh* »ungezähmt, gierig« (daraus mittelhochdeutsch *vrech* »mutig, kühn, tapfer, frech, dreist«; vgl. heute *frech*), angelsächsisch *frec* »gierig, eifrig, kühn, gefährlich«, mittelniederländisch *vrek* »gierig, böse« u. a. Das angelsächsische Substantiv *freca* »Held, Krieger« lebt auch in männlichen Eigennamen wie *Friculf, Fricarius, Fricco*. In Ablautformen finden sich altnordisch *frakkr* »mutig« und norwegisch und schwedisch mundartlich *frakk* »rasch, tüchtig«. Germanisches *franka-* erklärt sich als nasalierte Nebenform (wie sie etwa auch bei *blanka-/blaka-* »blinkend, weiß, glänzend« begegnet).

Unser deutsches Adjektiv frank »frei« ist eine sekundäre Ableitung aus dem Volksnamen der Franken. Im romanischen Herrschaftsgebiet nahm er die Bedeutung »die Freien« an. So wurde der freie Mann im Französischen als *franc* bezeichnet (im Italienischen, Spanischen und Portugiesischen *franco*). Erst im 15. Jahrhundert wurde es ins Deutsche entlehnt und dann in der Zwillingsformel »frank und frei« viel gebraucht.

In der Spätantke spielte man auch scherzhaft auf einen möglichen etymologischen Zusammenhang des Frankennamens mit *frangere* »brechen« an. So heißt es in den Kaiserbiographien der *Historia Augusta* (wohl um 400) über den Usurpator Proculus (angeblich selbst fränkischer Abstammung), dass er von Kaiser Probus getötet wurde, »weil die Franken selbst ihn verrieten, bei denen es üblich ist, lachend die Treue zu brechen (*ridendo fidem frangere*)«[13]. Unzuverlässigkeit und Treulosigkeit werden den Franken öfters nachgesagt. So bezeichnet ein Panegyricus von 313 die Franken als »das leichtfertige und unzuverlässige Volk der Barbaren« und »ein meineidiges Volk«[14]. Der Priester Salvian von Marseille nennt um 439 »das Volk der Franken treulos«; da er aber in seinem stark moralisierenden Werk ein von der römischen Tradition abweichendes Barbarenbild vertritt und wegen der politischen und sozialen Missstände im Imperium seiner Zeit die Erfolge der Germanen geradezu in der göttlichen Weltordnung gerechtfertigt sieht, argumentiert er weiter:

> »Ist die Treulosigkeit der Franken so anklagenswert wie unsere? [...] Was ist ungewöhnlich daran, wenn der Franke einen Meineid schwört, der doch glaubt, dass der Meineid selbst eine Art der Ausdrucksweise und nicht des Vergehens ist?«[15] Und an späterer Stelle urteilt er: »die Franken sind Lügner, aber gastfreundlich«[16].

1.2 Ein Volk der Franken oder fränkische Völker?

Durchmustert man die ausschließlich römischen bzw. galloromanischen Quellen im Hinblick auf das Volk der Franken, so ergibt sich ein höchst verwirrendes Bild. Die früheste zeitgenössisch überlieferte Erwähnung stammt aus einem Panegyricus auf Kaiser Diokletian (284–305) von 291:

> »ich übergehe sogar diejenigen Dinge, die durch den Schrecken vor Euren Waffen so vollbracht worden sind, als wären sie durch Waffen selbst geschehen: die Franken (*Francos*), die mit ihrem König erschienen, um Frieden zu erbitten, und den Parther, der Euch mit Wundern von Geschenken schmeichelte.«[17]

Über frühere Ereignisse, nämlich Kämpfe um 259/60, berichtet 100 Jahre später Aurelius Victor in seinen Kaiserviten und spricht davon, dass »die Völker der Franken (*Francorum gentes*) Gallien verheerten«[18]. Nach Konstantins Sieg über die Franken 313 wird ihm noch im selben Jahr in Trier eine Lobrede gehalten; darin ist zunächst nur allgemein vom »leichtfertigen und unzuverlässigen Volk der Barbaren (*gens barbarorum*)« die

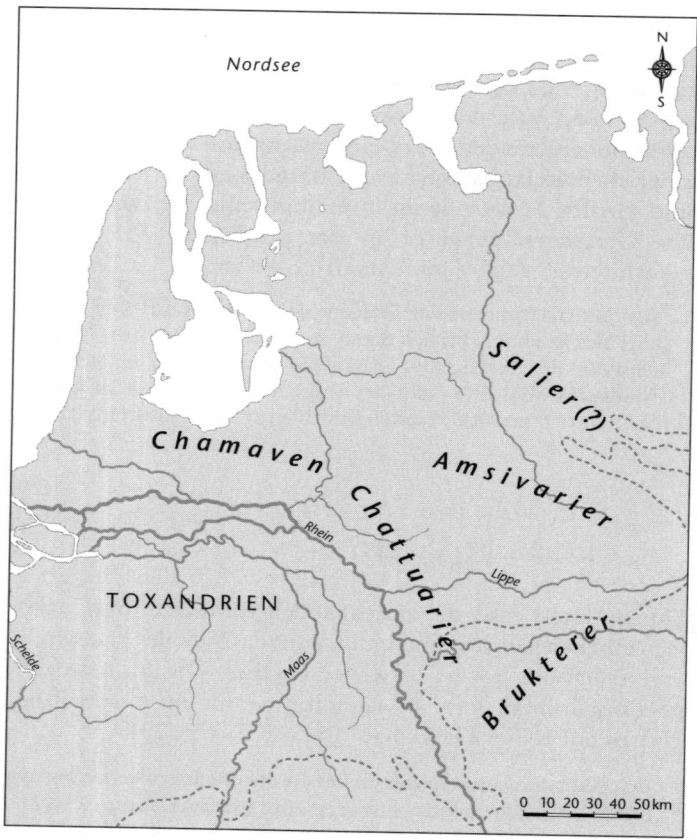

Karte 1: Die fränkischen Stämme rechts des Niederrheins im 4. Jahrhundert

Rede, später wird dann konkret »der grimmige Franke (*trux Francus*)« benannt[19]. Als 321 in Rom der Rhetor Nazarius in seinem Panegyricus auf Konstantin auf eben diese Kämpfe zu sprechen kommt, nennt er einzelne Stämme/Völker, aber nicht die Franken: »Was soll ich an die Brukterer erinnern? Was an die Chamaven? Was an die Cherusker, Lancionen, Alemannen, Tubanten?«[20] In der griechischen Kirchengeschichte des Sokrates lesen wir zu 341/42 wieder von »einem Volk, das Franken genannt wird (*ethnos, oi Phrankoi kalontai*)« bzw. dem »Volk der Franken«[21]; ganz entsprechend vermerken die Konsullisten die Kämpfe Kaiser Constans' »mit dem Volk der Franken (*cum gente Francorum*)« bzw. seinen Sieg über »die Franken«[22]. Kaiser Julian (360–363) schickt 361 einen Lage- und Tatenbericht an den Rat und das Volk der Athener und würdigt darin seine Erfolge gegen

> »alle Barbaren in Gallien«; »gegen sie zog ich zu Felde, und da mir die Götter halfen und zur Seite standen, nahm ich die Unterwerfung der Salier an, vertrieb die Chamaven«[23].

Erstmalig werden hier die Salier genannt, von Franken ist keine Rede. Der aufgrund seines Militär- und Hofdienstes gut informierte Geschichtsschreiber Ammianus Marcellinus beschrieb diese Kämpfe Julians:

> »Nach solchen Vorbereitungen wandte er sich zuallererst gegen die Franken, und zwar gegen diejenigen, die man gewöhnlich Salier nannte (*quos consuetudo Salios appellavit*) [...] Dann griff er die Chamaven, die Ähnliches wagten, auf gleiche Weise an«[24].

Und als um 500 der griechische Historiker Zosimos auf eben diese Kämpfe zu sprechen kommt, erwähnt er ebenfalls »den fränkischen Teilstamm der Salier (*Salion ethnos Frankon aponairan*)«[25]. Ammianus Marcellinus berichtet weiterhin vom Vorrücken Julians »in das Grenzgebiet Untergermaniens« (im Raum Xanten); »von dort setzte er über den Rhein und drang plötzlich in das Gebiet der Franken vor, die Attuarier heißen (*regionem Francorum, quos Atthuarios uocant*)«[26]. Als Zeitgenosse wieder schreibt der Dichter Claudianus, der 400 in Rom sein umfangreiches panegyrisches Gedicht auf die großen Erfolge des Heermeisters Stilicho vorträgt, die er – poetisch verbrämt – feiert.

> »Und den bedrohlichen Rhein zwingst Du, nachdem seine Hörner gebrochen sind, so sehr dazu, mild zu werden, dass der Salier jetzt Felder bestellt und der Sigambrer seine gebogenen Klingen zu Sensen krümmt, und ein Reisender, wenn er die beiden Ufer sieht, fragt, welches denn das römische sei; daß der Belger nun, da der

Chauke das nicht für empörend hält, sein Vieh jenseits des Flusses weidet«[27].

Und an anderer Stelle lässt er »die blondgelockte, wilde Gallia« sagen: »Warum liest man von demjenigen, der mir die Germanen und die Franken allein unterworfen hat, noch nichts in den Fasten [Jahrbüchern der Magistrate]?«[28]

Der »Klassiker« der fränkischen Geschichtsschreibung, Gregor von Tours (538–594), bietet im Kapitel II,9 der Historien einen langen Rückblick auf die Frühgeschichte der Franken, wozu er auf ältere Geschichtswerke zurückgreift und wörtlich aus ihnen zitiert. Das eine ist die *historia* des Sulpicius Alexander, die verloren ist; sie dürfte noch aus dem 5. Jahrhundert stammen. Im vierten Buch – so Gregor – berichtet Sulpicius über Ereignisse zur Zeit Kaiser Valentinians II. (375–392). Er schildert eine Strafexpedition des Heermeisters Arbogast, eines im römischen Militärdienst aufgestiegenen Franken:

> »In demselben Jahre [nicht genannt] griff Arbogast mit dem Hass eines Stammesgenossen Sunno und Marcomer, die Kleinkönige der Franken (*subregolus Francorum*), an und ging gerade im härtesten Winter auf Köln los. [...] Er sammelte daher sein Heer, zog über den Rhein und verheerte das Land der Brukterer (*Bricteros*), das zunächst am Ufer des Flusses lag, dann verwüstete er auch den Gau, welchen die Chamaven bewohnten, und nirgends zeigte sich ihm ein Feind, außer dass einige von den Amsivariern und Chatten auf den entfernten Bergrücken unter der Anführung des Marcomer sichtbar wurden.«

Zusammenfassend beschließt Gregor die Exzerpte aus Sulpicius: »Dies erzählt der vorgenannte Geschichtsschreiber von den Franken.«[29]

Also insgesamt ein verwirrender Befund, aus dem die Forschung versucht hat, ein einigermaßen schlüssiges Bild der Entwicklung der Franken zu zeichnen. Welche Teilstämme seit wann dazugehörten und schließlich im fränkischen Gesamtvolk aufgingen, ob es sich bei den Franken um einen festgefügten Stammesverband, einen eher lockeren Stammesbund oder einen durch schwankende Zugehörigkeit und wechselnde

Bindungen einer unterschiedlichen Anzahl von Kleinstämmen gekennzeichneten »Stammesschwarm« (R. Wenskus) handelt, ist umstritten. Dass allerdings »die meisten in der Literatur aufgezählten älteren ›Stämme‹ innerhalb des fränkischen Stammesbundes auf eine einzige Stelle bei Gregor von Tours, Historiae 2,9 zurückgehen«[30], ist unzutreffend, wie schon die obige Quellenauswahl zeigt. Werfen wir zunächst einen Blick auf die einzelnen Stämme.

Chamaven

Die Chamaven begegnen schon bei Tacitus; als ihre frühesten Wohnsitze sind Gegenden am rechten Niederrhein nördlich der Lippe und weiter stromabwärts anzunehmen. Dort aber sind sie nicht geblieben. Tacitus berichtet nämlich zu 58 v. Chr., dass die untere Rheinarmee dort ihre Herden weidete; »diese Weideplätze hätten einst den Chamaven, dann den Tubanten und danach den Usipetern gehört«[31]. Da Drusus bei seinem ersten Germanenfeldzug 12 v. Chr. nördlich der Lippe auf die Usipeter stieß, müssen die Chamaven schon einige Zeit vorher ein neues Siedelgebiet gefunden haben; es wird zwischen den Wohnsitzen der Brukterer im Osten und denen der Tenkterer im Westen lokalisiert. Nachdem die Brukterer im Jahre 98 von einer Koalition feindlicher Stämme (nicht von den Römern!) geschlagen worden waren, mussten sie aus ihrer Heimat weichen; dort ließen sich jetzt die Chamaven nieder. Um 294 unternahm Kaiser Constantius I. einen Feldzug gegen sie; Konstantin I. besiegte sie um 313. Mitte des 4. Jahrhunderts waren die Chamaven nach Westen auf römische Gebiete vorgestoßen, wohl etwa bis zur Maas. Julian schlug sie 358 und zwang sie zum Rückzug in ihre ursprünglichen Wohnsitze, wo sie in Frieden leben sollten. Die Friedenssicherung im niedergermanischen Raum hatte gut drei Jahrzehnte Bestand. Doch nach 388 kam es zu neuen Einfällen rechtsrheinischer Stämme im Vorland von Köln, die zunächst zurückgeschlagen werden konnten. Aber 392 flammten die Kämpfe wieder auf, worauf der Heermeister Arbogast bei Köln über den Rhein ging und die Gebiete der Brukterer und der Chamaven verheerte.

Lassen die frühen Quellen eine eindeutige Zuordnung der Chamaven zu den Franken zu? Als sicheres Zeugnis wird zumeist die sog. *Tabula Peutingeriana* angeführt, die – nur in einer Kopie aus dem späten 12. Jahrhundert erhaltene – spätantike Straßenkarte der römischen Welt; sie wird heute meist um die Mitte des 4. Jahrhunderts datiert. Sie enthält nicht nur auf der rechten Rheinseite den Landesnamen *FRANCIA*, sondern auch den Eintrag *Chamavi, qui et Franci*. Das ist wohl so zu deuten, dass die Chamaven in dieser Übergangszeit durchaus noch als Stamm mit eigener Identität gesehen wurden, aber eben auch schon Franken genannt wurden. Aus der Kombination mit dem Befund der Panegyrici, die überwiegend noch die eigenen Namen (Chamaven, Brukterer usw.) bevorzugen, schließt H. Grahn-Hoek, dass man »in dieser Zeit noch zwischen ›eigentlichen‹ Franken und solchen Stämmen [unterschied], die neben ihrer eigentlichen Identität auch als Franken angesehen wurden«[32]. Für den Geschichtsschreiber der Franken im 6. Jahrhundert, Gregor von Tours, gab es dann nur noch die Franken. Der Name der Chamaven lebt im früheren Mittelalter fort im Gau *Hamaland* zwischen Ijssel und Rhein, im Raum um Deventer. Aber auch in einem ganz anderen Raum, in Burgund, hält sich der Chamaven-Name: im Gau Amous zwischen Saône und Doubs und im Tal der Loue. In den 90er-Jahren des 3. Jahrhunderts hat Constantius I. zum Schutz des befestigten Dijon kriegsgefangene Chamaven dort angesiedelt.

Die Brukterer

Auch die Brukterer sind schon früh bezeugt. Nach der *Geographia* Strabons († nach 23 n. Chr.) und nach Tacitus lagen die Wohnsitze der Brukterer beiderseits der Ems und der mittleren und oberen Lippe. Erstmals zu 12 v. Chr. hören wir von einem militärischen Zusammenstoß mit den Römern auf der Ems, »auf der Drusus in einem Schiffskampf die Brukterer besiegte«[33]. Strabon wie auch der Geograph Ptolemaios (2. Jahrhundert) unterscheiden zwischen den »kleineren« und den »größeren« Brukterern; erstere lebten im Emsgebiet, letztere beiderseits der Lippe. Auf jeden Fall muss man eine sehr große Ausdehnung ihres Siedlungsgebiets annehmen, wobei siedlungsfeindliche Moorlandschaften und Wälder eine gleichmäßig dichte Besiedlung verhinderten. Die Brukterer gehörten »zu den gefährlichsten germ. Feinden Roms«[34], und so berichten die Quellen immer wieder von Kämpfen. 4 n. Chr. schlug sie Tiberius, 11 n. Chr. unterwarf er die Lippe-Brukterer; auch Germanicus kämpfte mehrfach erfolgreich gegen sie. Trotz dieser Niederlagen unterstützten die Brukterer ihre nördlichen Nachbarn, die Amsivarier, gegen die Römer; auch am Batavar-Aufstand 69/70 waren sie aktiv beteiligt. Vor 98 wurden sie dann aber schwer geschlagen – nicht von den Römern, sondern von einer Koalition von Nachbarstämmen; dass diese sie allerdings »geschlagen und völlig vernichtet haben« – wie Tacitus berichtet[35] – dürfte übertrieben sein. Wohl in der Folge sind die »größeren« Brukterer in ihre später bezeugten Wohnsitze ausgewichen: zwischen den Rhein im Westen, dem Bergischen Land und dem Westerwald im Osten. Am Rhein wurden sie jetzt von den Römern geduldet, die das Gebiet für die Versorgung ihrer Truppen aber weiterhin nutzten, sicher bis ins 3. Jahrhundert.

Kurz nach der Ausrufung Konstantins I. zum Kaiser durch britannische Truppen kam es zu erneuten Einfällen rechtsrheinischer Germanen, darunter der Brukterer. Noch 306 schlug sie der neue Kaiser und errichtete eine feste Rheinbrücke bei Köln; ihre Könige Ascarius und Merogaisus wurden grausam bei Gladiatorenspielen getötet. Auch in den Folgejahren gab es Grenzgefechte am Rhein. Auf dem schon erwähnten Zug Arbogasts 392/93 fiel der Heermeister von Köln aus in das Gebiet der Brukterer (und dann der Chamaven) ein und zwang sie zu einem Bündnis. Als um 396 der Heermeister Stilicho am Rhein erschien, erneuerten sie das Bündnis. Der Dichter Claudian preist erneut in einem Panegyricus den Friedensbringer Stilicho: »Was andere durch lange

Kriege zu erreichen vermochten, das schenkt Dir [Kaiser Honorius] ein Marsch Stilichos.«[36]

Ähnlich wie die Chamaven werden bei Gregor von Tours auch die Brukterer eindeutig zu den Franken gezählt. Und auch für sie gilt, dass sie noch lange mit ihrem eigenen Namen bezeichnet wurden – neben den »eigentlichen« Franken. Aber für sie deuten doch schon Hinweise in der Zeit Konstantins I. auf eine stärkere Identifizierung mit den Franken. Wenn auch nicht zweifelsfrei zu erweisen ist, dass die genannten Ascarius und Merogaisus Könige der Brukterer waren, so spricht doch alles dafür. Sie werden im Panegyricus von 310 ausdrücklich als *reges Franciae* bezeichnet[37]; im selben Satz ist vom »ewigen Hass jenes Volkes (*gentis illius odia perpetua*)« die Rede. Deutlichere Hinweise bietet der folgende Abschnitt, in dem der Panegyriker auf die Gefahren am Rhein eingeht:

> »Die Franken wissen, dass diejenigen den Rhein überqueren können, denen Du es gern zu ihrem Verderben erlaubst; aber sie können weder den Sieg noch Verzeihung erhoffen. Was ihnen selbst bleibt, das ermessen sie aus den Martern ihrer Könige [Ascarius und Merogaisus], und deshalb nur versuchen sie nicht, jenen Fluss zu überqueren – oder besser (da der Brückenbau [bei Köln!] begonnen wurde): nicht zu verzweifeln.«[38]

Im folgenden Abschnitt des Panegyricus geht es nochmals um »die Verwüstung gegen die Brukterer«, und der anschließende Abschnitt wird eingeleitet: »Im Übrigen verhöhnst Du durch den Bau einer Brücke bei Köln die Reste des übel zugerichteten Volkes [der Brukterer]«[39]. In diesem Text ist also die Gleichsetzung von Brukterern mit Franken klar vollzogen. Auf Konstantins Sieg über die Könige der Brukterer kommt Mitte des 4. Jahrhunderts Eutrop in seiner kurzen römischen Geschichte (*Breviarium ab urbe condita*) zu sprechen:

> »nachdem er [Konstantin] **Franken** und Alemannen geschlagen und ihre Könige gefangengenommen hatte, die er sogar wilden Tieren vorwarf, als er großartige öffentliche Spiele veranstaltete.«[40]

Schließlich scheint eine Inschrift auf den Sieg über die Brukterer anzuspielen:

> »Als dank der Tapferkeit des größten, frommen, glücklichsten und unbesiegten Herrn Kaisers, Konstantin, die **Franken** unterworfen und bezwungen waren, errichteten die Zweiundzwanziger [Soldaten der XXII. Legion] in ihrem Gebiet das Lager Deutz« gegenüber Köln![41].

Rhein-Brukterer nahmen wahrscheinlich auf hunnischer Seite am Attilazug 451 teil; danach verschwinden sie aus den Quellen. Nach einer Nachricht Bedas († 735) wurden die Brukterer (wohl die Lippe-Brukterer) in den 90er-Jahren des 7. Jahrhunderts von den vordringenden Sachsen unterworfen[42]. Dies wird allerdings jetzt von M. Springer bestritten, der die Identifizierung von Bedas *Boructuari* mit den *Bructeri* sprachlich für unmöglich hält[43]. Unstrittig dürfte das Weiterleben des Brukterer-Namens im frühmittelalterlichen Gau *Borahtra* sein, der sich zwischen Lippe und Ruhr bis zum Rhein erstreckte.

Die Amsivarier

Wenig wissen wir über die Amsivarier. Ihr Name legt eine Lokalisierung ihrer Wohnsitze an der Ems nahe, wohl am Unterlauf. Damit wären sie Nachbarn der Brukterer gewesen. Der Geograph Strabon nennt in einer Liste »noch ärmerer germanischer Völker« »in der Nähe des Ozeans« u. a. die Brukterer und die Kampsianer (*Kampsianoi*)[44]; im folgenden Abschnitt schildert er den glänzenden Triumph des Germanicus, bei dem zahlreiche »Gefangene aus den unterworfenen Stämmen« mitgeführt wurden, »nämlich aus den Kaulken (?), Ampsanen (*Ampsanoi*), Brukterern, Usipetern«[45]. Ob beide Namen identisch sind (Textverderbnis?), ist umstritten; die Nähe zu den Brukterern ist aber auffällig. Zur Zeit Neros verdrängten die Chauken die Amsivarier aus ihren Wohnsitzen. Tacitus schildert ihre vergeblichen Versuche, bei verschiedenen anderen Stämmen Wohnraum zu finden, sie wurden aber überall abgewiesen; schließlich »wurde – nach einer langen Irrfahrt als Fremde, Bettler und Feinde in der Fremde – ihre ganze Jugend erschlagen, die wehrlosen Alten wurden als Beute verteilt.«[46] Hier übertreibt Tacitus aber wohl, denn

Amsivarier werden auch später noch genannt. So listet der *Laterculus Veronensis*, ein römisches Provinzenverzeichnis aus konstantinischer Zeit, unter den »barbarischen Völkern (*gentes barbarae*), die unter den Kaisern wimmelten« u. a. »Chamaven, Amsivarier, Angrivarier« auf[47]. Die *Cosmographia* des Julius Honorius – nur grob auf das 4./5. Jahrhundert zu datieren – zählt die Völker an Rhein und Donau auf und nennt u. a. Franken (!), Alanen, Amsivarier usw.[48] Schließlich berichtet Gregor von Tours in seinem schon herangezogenen Auszug aus Sulpicius Alexander über die Strafexpedition des Heermeisters Arbogast gegen die Brukterer und Chamaven, »und nirgends zeigte sich ihm ein Feind, außer dass einige von den Amsivariern (*Ampsivariis*) und Chatten auf den entfernten Bergrücken unter der Anführung des Marcomer sichtbar wurden«[49]. Marcomer und Sunno werden von Gregor bzw. Sulpicius Alexander mehrfach als Anführer, »Königliche« (*regales*) oder »Kleinkönige« (*subregoli*) »der Franken« genannt; für ihn gehören auch die Amsivarier eindeutig zu den Franken.

Die Chattuarier

Auch sie sind nicht reich bezeugt. Die oben zitierte Liste Strabons nennt sie (*Chattuarioi*) unter den »noch ärmeren germanischen Völkern«[50], und auch unter den im Triumph des Germanicus mitgeführten Gefangenen führt er sie auf. Velleius Paterculus schildert als Zeitgenosse die zweite Statthalterschaft des Tiberius 4–6 n. Chr. und berichtet:

> »Caesar [Tiberius] ging geradewegs nach Germanien, unterwarf die Canninefaten, Attuarier (*Attuarii*) und Brukterer, gewann die Cherusker zurück [...], überschritt die Weser«[51].

Wenn man – naheliegend – bei der Aufzählung eine geographische Reihenfolge annimmt, wären die Chattuarier »zwischen den Cannenefaten, die s. des untersten Rheinlandes bis etwa zum Lek siedelten, und den (Lippe-)Brukterern« zu lokalisieren[52]. In der Folge haben sie ihre Siedelgebiete offenbar nur wenig nach Süden verschoben, wohl weil die Chamaven nach Süden drängten. Kaiser Julian unternahm 360 einen Feldzug »in das Grenzgebiet Untergermaniens«; dabei »näherte er sich der Festung *Tricensimae* [bei Xanten]. Von dort setzte er über den Rhein und drang plötzlich in das Gebiet der Franken vor, die Attuarier heißen (*Francorum, quos Atthuarios uocant*)«[53] – schon hier eine Identifizierung mit den Franken. Seit dem 4. Jahrhundert sehen wir also ihre Siedlungen am rechten Niederrhein. Dazu passt der seit dem frühen 8. Jahrhundert belegte Gau- und Landschaftsname Hattuarien links und rechts des Niederrheins. Ähnlich wie bei den Chamaven lebt auch der Name der Chattuarier in Burgund weiter: Die Ansiedlung kriegsgefangener Chattuarier durch Constantius I. nach 293 spiegelt sich im Gaunamen Hatuyer im Gebiet östlich um Dijon bis zur Saône.

Die Salier

Erst spät bezeugt sind die Salier. Erstmals erwähnt sie Julian in seinem schon zitierten Brief von 361 an die Athener, in dem er von seinen Kämpfen gegen »die Barbaren« (358) berichtet: »nahm ich die Unterwerfung eines Teiles der Salier an, vertrieb die Chamaven«[54]. Vom Zeitgenossen Ammianus Marcellinus erfahren wir, dass die Salier zu den Franken gehörten (s. S. 17):

> »Nach solchen Vorbereitungen wandte er sich zuallererst gegen die Franken, und zwar gegen diejenigen, die man gewöhnlich Salier nannte und die es einst frech gewagt hatten, sich ihre Wohnsitze auf römischem Boden in der Gegend Toxandriens einzurichten.«[55]

Der – allerdings erst um 500 schreibende – Geschichtsschreiber Zosimos spricht im gleichen Zusammenhang vom »fränkischen Teilstamm der Salier (*Salion ethnos Frankon aponairan*)«[56]. Dass dieser »einst von den Sachsen aus seiner angestammten Heimat verdrängt worden war«, ist kaum glaubhaft; wohl aber, dass er dann auf der Batavia siedelte, »die der Rhein durch eine Verzweigung zu der wohl größten Flussinsel macht« (ebda.). Diese *insula Batavorum* wurde von Oude Rijn und Waal/Maas gebildet (heutiger Landschaftsname Betuwe). Von dort seien sie von *Kouadoi* vertrieben worden, einem sonst unbekannten Stamm. E. Ewig sieht in ihnen »keinen Stammesnamen, sondern eine Bezeichnung der Salier für ihre Feinde« (*Kouadoi = Quadi*, ›die Bösen‹)⁵⁷. Da Zosimos anschließend vom Kampf Julians gegen die »Kouaden« berichtet, dieser »hingegen keine Salier zu töten befahl«, kann es sich eigentlich nur um die Chamaven handeln; auch andere Stellen bei Zosimos legen eine Identifizierung der »Kouaden« mit den Chamaven nahe⁵⁸. Nach Ammians Bericht kam Julian bei Tongern (nw. Lüttich) eine Gesandtschaft der Salier entgegen; Julian startete zwar noch einen siegreichen Angriff,

> »ließ sich [aber dann] durch den errungenen Sieg zu einem gehörigen Anteil Milde umstimmen und nahm sie, die sich mit ihrem Vermögen und ihren Kindern ergaben, auf«⁵⁹.

Sie durften also jetzt als wehrpflichtige Bauern (*dediticii*) in Toxandrien, dem Gebiet zwischen Schelde, Maas und Demer, verbleiben. Als römische Untertanen bildeten sie »eine Art Grenzcordon« (G. Wirth). Salier im Militärdienst Julians bezeugt Zosimos an anderer Stelle:

> »Hiernach hob der Caesar [Julian] Salier, einen Teil der Kouadoi [Chamaven?] und gewisse Bewohner der Insel Batavia für seine Einheiten aus, die offenbar auch jetzt noch bestehen«⁶⁰.

In der *Notitia dignitatum*, dem Verzeichnis römischer Ämter und Provinzen aus dem frühen 5. Jahrhundert, werden verschiedene Truppeneinheiten von Saliern genannt, so *Salii iuniores Gallicani* in Spanien, *Salii seniores* in Gallien; auch eine *cohors undecima Chamauorum* ist belegt⁶¹. Weiter findet sich inschriftlich ein *numerus Saliorum* bezeugt⁶². Der Name der Salier begegnet dann nur noch zweimal in poetischen Texten: Claudian nennt in seinem panegyrischen Gedicht von 400 auf Stilichos Erfolge den Salier, »der jetzt Felder bestellt«⁶³; Sidonius Apollinaris († 479/86) feiert die Siege des Kaisers Avitus, darunter über die Salier: »Besiegt wurde [...] der Salier im Fuß[kampf] (*Salius pede*)«⁶⁴. Schließlich lebt der Name weiter im fränkischen Volksrecht, der *Lex Salica* (wohl aus den letzten Jahren Chlodwigs), und bis heute in der niederländischen Landschaft Salland (sö. Zwolle).

Auf die Salier ist deshalb genauer einzugehen, weil seit einiger Zeit Matthias Springer die Existenz der Salier als eines fränkischen (Teil)volks der Völkerwanderungszeit gänzlich bestreitet. Er leugnet nicht den Erstbeleg *Salioi* im Brief Julians; alle folgenden Belege sieht er in literarischer Abhängigkeit von Julian, der »nicht nur Kaiser, sondern auch einer der führenden Schriftsteller und Philosophen seines Zeitalters« war[65]. Etymologisch leitet Springer (in der Folge N. Wagners) den Saliernamen von einem Begriffswort germanisch **saljon*, daraus althochdeutsch *gisellio* »Gefährte«, »Freund«, »Mitstreiter«, »Genosse«, »Kamerad« ab; es lebt im neuhochdeutschen »Geselle« weiter. Der – doch so gebildete – Kaiser Julian habe dieses »Gemeinschafts- oder Genossenschaftswort« als einen Völkernamen missverstanden. Dieses Missverständnis erkläre sich daraus, »dass bestimmte Gemeinschaftswörter den Angehörigen der Gemeinschaft als Anrede dienen. Den Missverstehenden erscheinen diese Wörter dann als ein Name und können zu guter Letzt wirklich zum Namen werden«[66]. Er verweist auf das Beispiel »Eidgenossen« für die Schweizer (nicht vor dem 13. Jahrhundert!). Auch der gebildete Geschichtsschreiber Ammian sei diesem Irrtum aufgesessen; er habe angeblich »eine Denkschrift Julians des Abtrünnigen benutzt, als er die Taten des Kaisers in Gallien beschrieb«[67]. Ammian hat man aber durchaus geistige Unabhängigkeit – gerade auch von Julian – zugeschrieben (W. Enßlin). Die beiden poetischen Belege bei Claudian und Sidonius hält Springer als lediglich literarische Reminiszenzen für wenig aussagekräftig. Es fällt aber doch auf, dass Sidonius gerade auf die Geschicklichkeit der Salier im Fußkampf hinweist (*Salius pede*), wenn man bedenkt, dass die in der *Notitia dignitatum* erwähnten *Salii* dem *magister peditum praesentalis* zugeordnet sind. Und man wird H. Grahn-Hoek zustimmen, dass man Sidonius

»als Schwiegersohn des Feldherrn und kurzzeitigen Kaisers Avitus [...] die Kenntnis der oder doch einiger Heeresabteilungen beider Seiten u. a. durch Erzählungen im privaten Umfeld doch wohl zutrauen« darf[68].

In der Folgezeit fehlt dann – wie Springer zu Recht betont – jeder weitere Beleg in der Geschichtsschreibung der Merowingerzeit. Das gilt aber auch für andere fränkische Teilvölker wie die Chamaven und die Chattuarier. Insofern dürften die *Salii* als ethnischer Name doch zu retten sein.

Tenkterer und Usipeter

Noch einige weitere Stammesgruppen sind in den Franken aufgegangen. Dazu gehören die meist in enger Verbindung genannten Tenkterer und Usipeter. Ursprünglich östlich des Rheins angesiedelt, wurden sie von suebischen Gruppen verdrängt und gelangten um 55 v. Chr. im Mündungsgebiet über den Strom; Teile zogen sogar maasaufwärts Richtung Süden. Diese wurden von Caesar besiegt; anschließend schlug er auch die Hauptgruppe am Niederrhein. Die Eindringlinge wurden ins Rechtsrheinische zurückgedrängt, wo sie ihre ursprünglichen Siedlungsgebiete nicht unerheblich erweiterten. Von den Ausgangsräumen rechts des Niederrheins aus – etwa zwischen Vecht und Lippe – konnten sie nach der römischen Umsiedlung der Ubier und der Sugambrer (s. unten) auf das linke Rheinufer sich weiter nach Süden ausbreiten; die Tenkterer nahmen Gebiete bis auf Höhe der Sieg in Besitz, die Usipeter südlich anschließend bis zum unteren Lahntal, »so dass [...] um 100 n. Chr. das Siedlungsgebiet von U. und T. sich längs des Rheins zw. Brukterern und Chatten erstreckte«[69]. Danach verschwinden die Namen aus den Quellen; ihr Aufgehen im neuen Großverband der Franken um die Mitte des 3. Jahrhunderts darf als sicher gelten.

Sugambrer

Die erwähnten Sugambrer werden erstmals bei Caesar erwähnt; ihr Siedlungsgebiet ist etwa zwischen Sieg und Lippe zu lokalisieren. 8 v. Chr. folgten sie der Forderung der Römer, ihr Volk in linksrheinisches Gebiet um Xanten zu führen, wo sie als *dediticii* siedelten. Damit endete die Existenz ihrer Volksgruppe als selbstständige politische Einheit. Schon zur Zeit des Augustus wurde ihr Name zum Ingebriff wilder, aggressiver und kulturell rückständiger Germanen (z. B. in Gedichten des Horaz); was für Caesar die Sueben gewesen waren, spiegelten jetzt die Sugambrer. Diese topische Stilisierung lebte in der Spätantike weiter und dauerte bis in die Zeit der Begründung des Frankenreichs: Nach der berühmten Stelle in Gregor von Tours' Historien soll der Bischof Remigius von Reims bei Chlodwigs Taufe den Täufling mit den Worten angesprochen haben:

> »Beuge still deinen Nacken, Sicamber, verehre, was du verfolgtest, verfolge, was du verehrtest.«[70]

»Wie die politische Geschichte der Sugambrer mit der Umsiedlung 8 v. Chr., so endet gleichsam der literarische Topos mit der Taufe Chlodwigs um das Jahr 500.«[71]

Chauken

Schließlich sind noch die Chauken zu erwähnen, die – in der Forschung umstritten – auch eine Rolle bei der Genese des fränkischen Stammesverbandes gespielt haben könnten. Der Geograph Strabon lokalisiert sie »in der Nähe des Ozeans«[72]. Plinius der Ältere zählt sie mit den Kimbern und Teutonen zu den Ingwäonen; dabei spricht er ausdrücklich im Plural von den »Stämmen der Chauken (*Chaucorum gentes*)«[73]. An anderer Stelle unterscheidet er ausdrücklich zwei Gruppen, »die man die größeren und die kleineren nennt«[74]. Diese Unterscheidung trifft auch Ptolemaios, der die Chauken zwischen den Friesen und den Sachsen lokalisiert, und zwar die »kleineren« zwischen Ems und Weser, die »größeren« zwischen Weser und Elbe. Chauken an der Elbe erwähnt für die Zeit um 170/180 auch die späte *Historia Augusta*. In der frühen Kaiserzeit stellten die Chauken sicher eine der bedeutendsten germanischen Gruppen dar, wie sich etwa in Tacitus' Urteil spiegelt:

> »Die Chauken halten nicht nur einen so riesigen Raum der Erde, sondern sie füllen ihn auch aus; dieses unter den Germanen edelste Volk will seine Größe lieber durch Gerechtigkeit schützen.«[75]

Kämpften Drusus (12 v. Chr.) und Tiberius (5 n. Chr.) gegen die Chauken, so konnte Germanicus sie 15 n. Chr. als Hilfstruppen gewinnen; unter ihm »wurden sie in die Kriegsgemeinschaft aufgenommen«[76]. Aber gegen Mitte des Jahrhunderts sind wieder Angriffe und Raubzüge der Chauken bezeugt, und für Civilis, den Führer des Bataveraufstands 69/70, gehörten sie in »die feurigste seiner Kohorten, die sich aus Chauken und Friesen zusammensetzte«[77]. Der Chaukenname verschwindet dann bald in den Quellen (abgesehen von zwei Stellen bei Claudian Ende des 4. Jahrhunderts).

Zumeist wurde angenommen, dass die Chauken später in den Sachsen aufgegangen sind; dass zumindest große Teile ihres Siedlungsgebietes in Richtung Elbe später sächsisches Land waren, ist unbestritten. Nun begegnet aber später mehrfach der Name *Hugas/Hugones* für die Franken. So werden die salischen Franken im altenglischen Beowulf-Epos (Entstehungszeit zwischen dem 7. und 9. Jahrhundert) *Hugas* genannt (Beowulf 2502; 2914). In den Anfang des 11. Jahrhunderts geschriebenen Quedlinburger Annalen heißt es über Chlodwigs ältesten Sohn Theuderich I. (511–533): »Jener Theuderich wird Hugo genannt, das ist Franke, weil einstmals alle Franken *Hugones* genannt wurden nach einem *dux* Hugo.«[78] Daraus schöpft im frühen 12. Jahrhundert der Annalista Saxo und nennt diesen Chlodwigsohn *Hugo Thiedericus*[79]. Widukind von Corvey bezeichnet dagegen Chlodwig selbst als *Hugo rex Francorum*[80]. Die niederländische Landschaft *Hugmerki* zwischen Groningen und Lauwerssee dürfte in denselben etymologischen Zusammenhang gehören. Da sie aber westlich der Ems liegt, ist der Name wohl weniger als »Land der Hugas« – wie Dänemark als »Land der Dänen« –, sondern eher als eine friesische »Mark« gegen die *Hugas/*Chauken zu verstehen. Den sprachlichen Zusammenhang zwischen Chauken und Hugen haben manche Forscher bestritten; E. Zöllner etwa möchte »auf die ethnische Erklärung besser verzichten und in den Hugen entsprechend dem germanischen Wortstamm *hug* die ›Weisen, Verständigen‹ sehen«[81]. Der *Hugo Thiedericus* lebt vielleicht weiter in der

Wolfdietrich-Sage des 13. Jahrhunderts, die Hugdietrich als Vater des Helden nennt.

Die spätantike *Tabula Peutingeriana* verzeichnet hinter den Chamaven am Niederrhein die *Chaci/Haci*; eine Identifizierung mit den Chauken liegt nahe. Es handelt sich in etwa um das Gebiet der niederländischen Provinz Overijssel. Nach der schon zitierten *Oratio* des Libanios von 348/49 (s. S. 12) erstreckt sich das Land der Franken bis zum Ozean; auch manch andere Hinweise deuten auf eine nordseegermanische Tradition der Franken. Östlich des Siedelgebietes der Friesen kommen dafür aber nur die Chauken in Frage. Die Expansion der Sachsen dürfte am ehesten für den Zerfall des chaukischen Großstammes verantwortlich sein. Ihr größerer Teil ging in den Sachsen auf; ein kleinerer westlicher Teil lebte als Franken weiter. Unter den fränkischen Teilstämmen kommen aber nur die Salier als Träger einer nordseegermanischen Tradition in Frage. Ihr Name begegnet nicht vor 361, zu einer Zeit, als der Name der Chauken längst verschwunden war (abgesehen von den eher poetischen Belegen bei Claudian). »Wir hätten also in den Saliern wohl eine Gruppe älterer Nordseegermanen zu sehen, die sich den Sachsen nicht fügte.«[82]

1.3 Die *Francia*, das Land der Franken

Der Landesname *Francia* ist vor dem 6. Jahrhundert nur in wenigen Quellen belegt. Erstmals 310 spricht der in Trier gehaltene Panegyricus auf Konstantin von den »innersten Völkern der *Francia* (*intimae Franciae nationes*)«[83] und erwähnt an späterer Stelle die Strafaktion des Kaisers gegen Ascarius und Merogaisus, »die Könige der *Francia* (*reges Franciae*)«, die gefangen genommen und hingerichtet wurden[84]. Ammianus Marcellinus berichtet über Macrian, den König der Bucinobanten, der als verlässlicher Bundesgenosse der Römer gegen die Franken kämpfte und nach 374 *in Francia* starb[85]. Der Dichter Ausonius spielt in seinem berühmten *Mosella*-Gedicht von 371 auf den Rhein als Grenze an: »Es mögen Kräfte

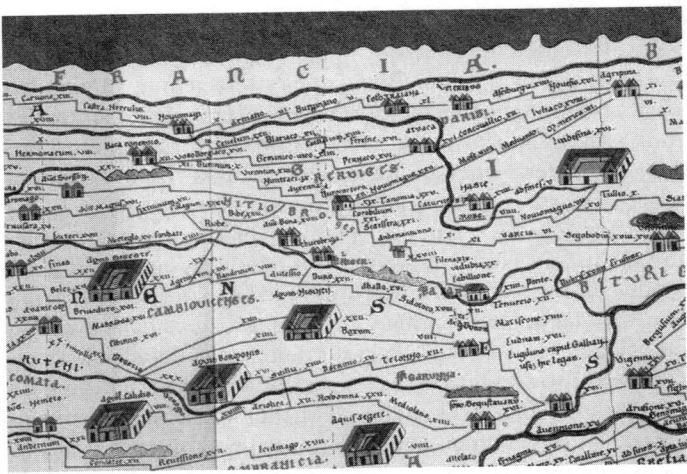

Karte 2: Ausschnitt aus der Peutinger-Karte mit dem Namen »FRANCIA« auf der rechten Rheinseite.

hinzutreten, vor denen das Frankenland, die Chamaven und die Germanen zittern; dann wird man dich für einen wahren Grenzwall halten.«[86] 378, in seiner poetischen Bitte um das Konsulat (das ihm Kaiser Gratian im Folgejahr übertrug) spricht er die fränkischen und alemannischen Hilfstruppen Gratians an: »Die Feinde sind bezwungen; wo das Frankenland, vermischt mit den Sueben [d. h. Alemannen], um Gehorsam wetteifert, damit es römischen Waffen diene«[87]. Auch beim Dichter Claudian begegnet um 400 mehrfach die *Francia*.

Ausdehnung und Grenzen der alten rechtsrheinischen *Francia* lassen sich nur annäherungsweise bestimmen. Hieronymus gibt in seiner vor 392 verfassten *Vita Hilarionis* eine grobe Begrenzung im Norden und Süden: »Das Stammesgebiet (*gens*) zwischen Sachsen und Alemannen wurde bei den Geschichtsschreibern *Germania*, jetzt wird es *Francia* genannt«[88]. Auf der schon erwähnten spätantiken *Tabula Peutingeriana* ist rechtsrheinisch die Landschaft *Francia* – etwa zwischen *Castra Herculis* (Druten nw. Nimwegen?) und Neuss –

eingetragen; nördlich davon *Chamavi, qui et Franci*, südlich davon bis etwa gegenüber Boppard die Brukterer. Claudian nennt den Brukterer »den Bewohner des Herkynischen Waldes (*accola siluae Bructerus Hercyniae*)«[89]; auch an anderen Stellen erwähnt er in – allerdings undeutlich bleibendem – Zusammenhang mit den Franken den Herkynischen Wald, der sich dann auch bei Sidonius Apollinaris zum Jahr 451 findet. Die *silva Hercynia*, schon bei Caesar belegt, ist eine Sammelbezeichnung für die Gesamtheit der rechtsrheinisch nördlich der Donau gelegenen Mittelgebirge. Insgesamt erlauben also die zitierten Stellen keine genaueren Grenzangaben. Der oben genannte alemannische Stamm der Bucinobanten saß im Vorland von Mainz und am unteren Main bis zur Wetterau; d. h. »die Zeugnisse über die Alemannen liefern die Gegenprobe«[90] und bestätigen Hieronymus. Offenbar trennten die Herkynischen Waldgebiete die Franken nicht nur von den Alemannen, sondern auch von den Chatten in Althessen (d. h. dem geographischen Raum Nordhessens nördlich der Lahn bis zur Kasseler Beckenlandschaft). Kontakt mit den Franken hatten die Chatten nur im Paderborner Bereich, an Diemel und oberer Weser. Die »hartnäckigen Feinde Roms« griffen im 3. Jahrhundert Kastelle der Wetterau und des Taunus an und drangen bis in die Mainmündungsebene vor[91]. Zuweilen hat man früher auch die Chatten als einen fränkischen Teilstamm angesehen, nicht zuletzt aufgrund der Nennung bei Gregor von Tours (s. S. 18). Gregor bzw. der von ihm zitierte Sulpicius Alexander hat hier aber offensichtlich die Chatten mit den – von ihm nicht genannten – Chattuariern verwechselt.

Ansonsten werden östliche Nachbarn der Franken in den antiken Quellen bis in die Zeit um 400 nicht erwähnt. Hier haben aber archäologische Funde reiche Erkenntnisse erbracht. Die Thüringer, deren Reich wohl im 5. Jahrhundert entstand, reichten mit ihrem Siedlungsgebiet im Westen nicht über den Harz und den Thüringer Wald hinaus. Auch im Nordwesten lassen die schriftlichen Quellen kaum Aussagen über die räumliche Ausdehnung der *Francia* zu. Nach den archäologischen Befunden umfasste sie noch die niederländische Provinz Drenthe und an der Weser reichte sie bis etwa Nienburg. »Die Moore, die sich vom Ysselmeer durch die Provinz Drenthe bis zur mittleren Weser erstreckten, dürften dann wohl einen Grenzgürtel gebildet haben«[92].

Dass die fränkischen Teilstämme aus einem kulturell einheitlich geprägten Gebiet gekommen sind, dürfte heute feststehen. R. von Uslar hat aufgrund des archäologischen Fundgutes, besonders anhand von Formtypen der Gefäßkeramik, von der »Rheinwesergermanischen Kultur« gesprochen. Eine genaue Abgrenzung ist allerdings nicht möglich; besonders im Süden, im Bereich des Mains, stellte man eine Überlappung mit Belegen einer elbgermanisch-alemannischen Fundgruppe fest. »In diesem seit der Mitte bzw. der 2. Hälfte des 2. Jh.s ausgeprägten arch. Milieu muß sich die Herausbildung der Frk. als eines ethnischen Komplexes vollzogen haben«[93]. Jüngere Grabungen erlauben Aussagen über das Siedlungswesen. Man bevorzugte an fließendem Wasser gelegene, zugleich aber hochwasserfreie Siedelplätze. Die Hofstellen bestanden meist aus einem langgestreckten Hauptgebäude, das Wohnräume und Viehstall unter einem Dach vereinte, und einigen kleinen Nebenbauten, vorrangig Speicher und eingetiefte Grubenhütten (häufig Webhütten). Da es sich ausschließlich um Holzarchitektur handelte, Hölzer aber kaum erhalten sind, konnten die Archäologen nur aus Erdverfärbungen und Standspuren eingegrabener, aber natürlich längst verfaulter Holzpfosten die Pfostenbauweise dieser Gebäude rekonstruieren. Dabei bildeten in den Boden eingelassene starke Holzpfosten das tragende Gerüst. Es konnten solche Wohn-Stall-Häuser von beachtlicher Größe nachgewiesen werden: bis zu 48 m Länge bei einer Breite von 7–8 m.

Ergrabene Bestattungsplätze zeigen ein Vorherrschen der Brandbestattung. Die Rückstände des Scheiterhaufens wurden in einer Grabgrube deponiert (»Brandgrubengräber«); Urnen sind nur selten bezeugt. In geringen Resten fand man in diesen Gruben auch Grabbeigaben, z. B. Waffen. Als Bestattungsplätze wählte man gerne Erhebungen im Gelände, natürliche

Kuppen oder auch schon vorhandene alte Grabhügel. Dass diese insgesamt eher unscheinbaren Bestattungen häufig schon früh dem Ackerbau zum Opfer fielen, erklärt ihre schlechten Auffindungsbedingungen.

Aus vielen Siedlungen sind uns nur die üblichen Abfälle in Form von Tierknochen und Gefäßscherben erhalten; zuweilen fand man aber auch wertvolle Stücke aus Metall. Erstaunlich hoch ist dabei der Anteil der aus dem römischen Imperium importierten Gegenstände,

> »darunter nicht nur die üblichen Fernhandelsgüter wie Metallgeschirr und ähnlich robuste Waren, sondern auch zahlreiche, eher im kleinen Grenzverkehr bevorzugte Dinge, wie einfache, leicht zerbrechliche Gläser, Alltagsgeschirr und vor allem zahlreiche Münzen«[94].

Dass man Münzen und andere Wertsachen wie Schmuck aus Edelmetall (z. B. goldene Halsringe) vergrub – sei es aus religiösen Gründen, sei es aus Furcht vor Beraubung –, zeigen diverse Hortfunde. Die Keramikfunde aus den Siedlungen belegen zum einen den Import römischer Feinkeramik (Terra sigillata; schwarze Firnisware), zum anderen einfache Freihandkeramik aus einheimischer Produktion. Bald gelang es aber auch, römische Vorbilder zu imitieren und in eigenen Werkstätten unter Verwendung der Töpferscheibe verfeinerte Keramik herzustellen – man importierte also nicht nur Waren, sondern auch römische Kulturtechniken.

Obwohl nach den Schriftquellen bereits im späteren 3. Jahrhundert fränkische Siedler im nördlichen Gallien bezeugt sind, zeigen sich im dortigen archäologischen Fundbild erst seit der Mitte des 4. Jahrhunderts fränkische Elemente. Die von den Römern übernommene Körperbestattung, jetzt aber mit reichen Beigaben (Waffen bei den Männern, Schmuck und Tracht bei den Frauen; Ess- und Trinkgefäße bei beiden), und die entstehende Reihengräbersitte kennzeichnen dort eine gallisch-germanische Mischzivilisation – darauf wird noch zurückzukommen sein.

2 Die Nachbarschaft der Franken und Römer bis zum Ende des 4. Jahrhunderts

2.1 Zwischen Angriff, Verteidigung und Ansiedlung: die fränkisch-römischen Beziehungen bis zur Tetrarchie

»In der fränkischen Frühgeschichte spiegelt sich die Krise wider, in die das Imperium geriet, als die große Zeit der *Pax Romana* zu Ende ging«[1]: so schildert E. Ewig die Situation um die Mitte des 3. Jahrhunderts. Das neupersische Reich der Sassaniden bedrohte das Imperium im Osten; Kaiser Valerian (253–260) sah sich gezwungen, Truppenverbände von der Limesgrenze im Westen abzuziehen. Das rief umgehend Reaktionen von rechtsrheinisch siedelnden Germanen (wohl Franken und Alemannen) hervor. Seit 256/57 fielen sie einmal von der See her über die Küstengebiete der Provinz Belgica und der *Aremorica* (Provinz Rouen) ein, zum anderen überschritten sie den Limes.

> »Als Valerian sah, dass der römischen Herrschaft von allen Seiten Gefahr drohte, ernannte er seinen Sohn Gallienus zum Mitregenten; da die Situation überall schwierig war, zog er selbst nach Osten, um den Persern entgegenzutreten, und übertrug seinem Sohn den Befehl über die Streitkräfte in Europa mit der Weisung, mit den dort stehenden Truppen sich den von allen Seiten andrängenden Barbaren entgegenzustellen«[2].

In den Jahren 257–259 nahm Gallienus von Köln aus den Abwehrkampf auf und hatte durchaus einige Erfolge; selbstbewusst legte er sich bald den Beinamen *Germanicus maximus* zu (CIL II 2200) und erschien auf Münzen als *restitutor Galliarum*[3]. Dieser Erfolge konnte er sich allerdings nicht lange erfreuen.

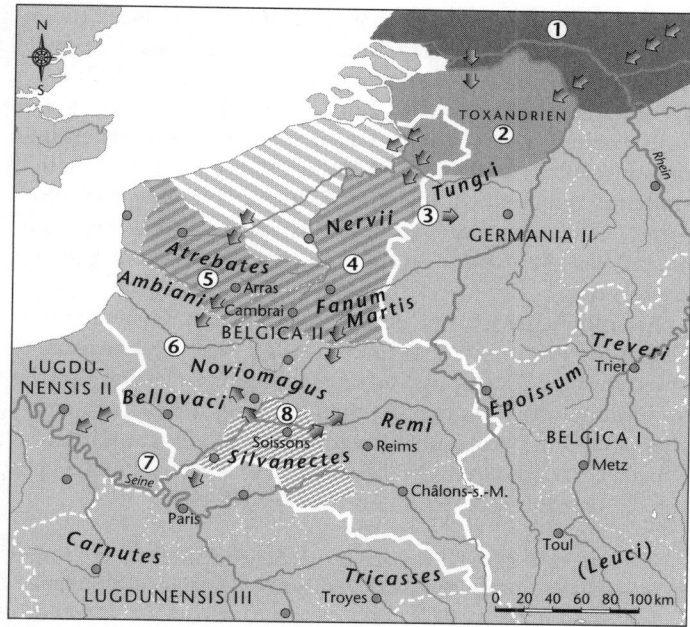

Karte 3: Das Vordringen der Franken im Nordwesten Galliens, Karte nach schriftlichen Quellen entworfen. 1. Etwa im Zeitraum 293/94 Niederlassung der Franken in der Betuwe. 2. Von den Sachsen verdrängt, werden die Franken in Toxandrien angesiedelt. 3. 357/58 unternehmen sie Vorstöße in die *Germania II* 4./5. Chlodio bemächtigt sich der Städte Cambrai und Arras und erreicht die Somme. 6. Childerich (+482) und dann Chlodwig verwalten die *Belgica II*. 7. Vielleicht noch unter Childerich dringen die Franken in Richtung Seine vor. 8. 486/87 residiert Syagrius in der Stadt Soissons; vielleicht Versuch, die *Belgica II* wieder in die Hand zu bekommen.

Nach einer Niederlage im Perserkrieg 259/60 wurde sein Vater gefangen genommen, und nun musste er den Oberbefehl im Osten übernehmen. Erneut überwanden Germanen an vielen Stellen den Limes und die Rheingrenze; man darf in ihnen wohl (Proto)Alemannen und (Proto)Franken sehen. Letztere besetzten rechtsrheinisch Gebiete der Tenkterer und Usipeter zwischen Sieg und Lahn. Auch das römische Alenlager (Sitz einer Reitereinheit) Gelduba (Krefeld-Gellep) wurde um 259 überfallen und zerstört; auch der zugehörige *vicus*, die zivile Siedlung, fiel der Zerstörung anheim. In diese Zeit fällt auch der geradezu »sensationelle Zug« (E. Ewig) protofränkischer Krieger durch ganz Gallien bis nach Spanien. Für den allerdings erst um 360 schreibenden Aurelius Victor handelte es sich eindeutig um Franken: »dass die Völker der Franken (*Francorum gentes*) Gallien verheerten und Spanien in Besitz nahmen, indem sie die Stadt Tarragona verwüsteten und beinahe zerstörten«[4].

Als möglicher Retter zeigte sich 259 ein General unter Gallienus, Postumus, damals Statthalter der niedergermanischen Provinz. Er stoppte die schweren germanischen Einfälle und konnte noch einmal die Stabilisierung der Grenze erreichen. Die Schilderung des byzantinischen Geschichtsschreibers Zonaras, der aus alten Quellen schöpfte, wirft ein Schlaglicht auf die damalige Situation am unteren Rhein:

> »Postumus, der die Rheinlinie zu bewachen hatte, um die jenseits des Rheins siedelnden Barbaren am Übergang auf römisches Gebiet zu hindern, griff Gruppen von ihnen an, die unbemerkt den Rhein überquert hatten und große Beute mitführten. Sie befanden sich schon auf dem Rückzug, und er tötete viele von ihnen und nahm ihnen die gesamte Beute wieder ab, die er bald an seine Soldaten verteilte.«[5]

Seine Erfolge verführten ihn dazu, sich gegen Gallienus zu erheben und sich selbst usurpatorisch zum Kaiser aufzuschwingen. Damit begründete er das Gallische Sonderreich. Postumus eroberte Köln und sicherte die Rheingrenze gegen die Germanen, wohl Franken, nahm aber gleichzeitig viele von ihnen in sein Heer auf – ein später noch oft befolgtes Beispiel. Mit ihnen kämpfte er gegen Gallienus, der ihn seit 263 mehrfach verfolgte. Zwar wurde er 268 von Mitgliedern seiner eigenen Truppen ermordet, aber das gallische Sonderreich bestand zunächst noch unter vier weiteren Usurpatoren bis 274 fort. Ihnen gelang es aber nicht, die Grenze dauerhaft zu sichern; besonders unter dem letzten »Sonderkaiser« Tetricus

(270–274) kam es erneut zu gefährlichen Raubzügen im Bereich der Straßen Köln – Tongern – Bavai und Köln – Trier – Lyon. Die wachsende Verunsicherung der Bevölkerung durch germanische, wohl fränkische Übergriffe lässt sich indirekt an der starken Zunahme der Anlage von Münzdepots in Tongern, Amiens, Beauvais, um Trier, Metz, Toul und Chalon-sur-Saône ablesen. 274 ergab sich Tetricus kampflos der Übermacht des aus Italien heranziehenden Kaisers Aurelian (270–275), des Neubegründers des Imperiums. »Mit der Wiederherstellung der Reichseinheit verlieren Köln und Trier ihre zentrale Position und den Schutz durch die kontinuierliche Herrscherpräsenz«[6]. Die größte Katastrophe aber stand Gallien noch bevor.

275/76 stießen Protofranken nördlich von Köln über den niedergermanischen Limes vor. Die Provinzmetropole Köln und das Legionslager Bonn blieben zwar verschont, aber die Lager Vetera II (bei Xanten) und Gelduba (Krefeld-Gellep) wurden wie andere Kastelle (Nimwegen, Tongern) vollständig zerstört. Auch weiter südlich hinterließen die Eindringlinge eine Spur der Verwüstung mit der Hauptstoßrichtung entlang der Maas. Jünkerath (Eifel) und Bitburg, ja selbst die Metropole Trier erlagen ihren Angriffen. »Nordgallien versank für ein Jahrzehnt im Chaos«[7]. Kaiser Probus (276–282) gelangen immerhin einige Abwehrerfolge, wenn auch das Urteil Eutrops sicher übertrieben ist: »Das von den Barbaren besetzte Gallien stellte er in gewaltigem Schlachtenglück wieder her«[8]. Der – allerdings späte – Geschichtsschreiber Zosimos spricht in diesem Zusammenhang ausdrücklich vom Krieg »gegen die Franken«[9]. Die Befestigungen am Rhein wurden wieder verstärkt. Gleichzeitig scheint Probus aber im Bereich des Niederrheins den Germanen unter strengen vertraglichen Bedingungen Siedlungsland zugestanden zu haben. Ein – allerdings spät bezeugter – Brief des Kaisers, in dem er dem Senat über seine Erfolge berichtet, beschreibt die Situation:

»Die gallischen Ländereien werden mit den Rindern der Barbaren gepflügt, und die erbeuteten germanischen Gespanne bieten unseren Bauern ihren Nacken dar; das Vieh dieser verschiedenen Stämme weidet zur Ernährung unserer Leute, die Hengste befruchten bereits unsere Reiterei, und unsere Speicher sind voll von barbarischem Getreide. Was noch? Wir lassen ihnen einzig den Boden, alle ihre Habe aber besitzen wir«[10].

Als Probus' Herrschaft durch den Usurpator Proculus um 280 gefährdet wurde, hielt die vertragliche Regelung nicht länger. »Von den Franken, die sich an den Kaiser gewandt und von ihm Wohnsitze erhalten hatten, wurde ein Teil wieder abtrünnig«[11]. In dieser Zeit hören wir von einem abenteuerlichen Zug, den am Schwarzen Meer – wahrscheinlich als Kriegsgefangene – angesiedelte Franken unternahmen. Sie bemächtigten sich einiger Schiffe und fuhren südwärts durch die Ägäis und weiter nach Sizilien, plünderten zahlreiche Städte (u. a. Syrakus) und kehrten dann durch die Straße von Gibraltar in ihre nordische Heimat zurück. In diesem Zusammenhang wurde in einem schon oben (s. S. 12) zitierten Panegyricus von der »piratischen Tollkühnheit« der Franken gesprochen. Nach dem Tod des Kaisers kam es zu neuen Einbrüchen sowohl von der Küste her wie auch über den Rhein.

Diese Herausforderungen sollten von den Tetrarchen gemeistert werden. Diokletian hatte den ihm freundschaftlich verbundenen Maximian 285 zum Caesar und 286 zum Augustus erhoben; er sollte die Gefahren im Westen bannen, zunächst den Aufstand der sog. Bagauden, rebellierender Landbewohner aus der Unterschicht vor allem in Gallien und Spanien, sodann die neuerlichen germanischen Einfälle. In einem zu seinen Ehren 289 gehaltenen Panegyricus wird die Gefahr dramatisch beschworen: »Als unmittelbar nach der Beruhigung jenes erbärmlichen Aufstands [der Bagauden] alle barbarischen Völker den Untergang ganz Galliens herbeizuführen drohten«[12]. Maximian vertrieb von seinem Hauptquartier Trier eine fränkische Schar und überschritt auch mehrfach den Rhein. Bei einem dieser Feldzüge hatte sich 288 der fränkische König Gennobaudes unterworfen und um Frieden gebeten, was derselbe Panegyricus hervorhebt: »und während Gennobaudes durch Dich sein Reich zurückerhielt, es von Dir als Geschenk empfing.«[13] Dass es sich bei diesem Gennobaudes um einen König der Franken handelt (den frühesten uns bekannten), geht aus einem späteren Panegyricus hervor, in dem auf dasselbe Ereignis angespielt wird:

> »Ich übergehe sogar diejenigen Dinge, die durch den Schrecken vor Euren Waffen so vollbracht worden sind, als wären sie durch Waffen selbst geschehen: die Franken, die mit ihrem König erschienen, um Frieden zu erbitten«[14].(Es handelt sich gleichzeitig um das oben S. 15 schon zitierte erste zeitgenössische Zeugnis für den Frankennamen).

Schwierig blieb auch die Lage im Norden: die Küsten Nordgalliens und des südöstlichen Englands wurden von fränkischen und sächsischen Piraten bedroht. Maximian betraute seinen Admiral Carausius, einen Menapier (Stamm an der Nordsee zwischen Rhein und Schelde), mit der Abwehr; diesem gelang es, die Angreifer zurückzuschlagen. Dann aber machte er gemeinsame Sache mit ihnen, griff nach dem Purpur und errichtete ein britannisches Sonderreich. 293 erhob Maximian Constantius Chlorus zum Caesar und übertrug ihm die Verwaltung Galliens und Britanniens. Dieser hatte nun die doppelte Aufgabe, die germanischen Invasoren zu vertreiben und den Usurpator zu bekämpfen; und er war erfolgreich. Schon bald konnte er die Region, »die die Schelde mit seitwärts gerichteter Strömung umfließt und die der Rhein durch seine Wasserscheide umfasst«[15], d.h. die Batavia, dem Imperium zurückgewinnen. Die Bewohner wurden vertrieben, einige Zurückgebliebene wurden als Laeten angesiedelt. Carausius wurde zwar 294 von seinem eigenen Praetorianerpraefekten Allectus ermordet; dieser machte sich zu seinem Nachfolger, bis er 297 im Kampf fiel. Das war das Ende des Sonderkaisertums in Britannien. In einem weiteren Feldzug ging Constantius erneut gegen die *intimae Franciae nationes* vor[16], wahrscheinlich bis in die Veluwe (nordöstlich der Batavia). »Die Zeit des Chaos war damit für Niedergermanien abgeschlossen«[17]. Constantius war es gelungen, für etwa ein Jahrzehnt den Frieden zu sichern, nicht zuletzt mit dem Mittel der Ansiedlung. Schon Maximian hatte fränkische Gruppen im Gebiet der Nervier (an der Sarthe) und der Treverer angesiedelt. Constantius folgte dem Beispiel und wies den besiegten Franken Siedlungsplätze in Nordgallien an; genannt werden Amiens, Beauvais, Troyes und Langres. Ein 310 für Konstantin I. in Trier gehaltener Panegyricus würdigt im Rückblick zusammenfassend die Leistungen seines Vaters Constantius:

> »Was soll ich wiederum über die innersten Völker der Francia sagen, die nicht nur von jenen Orten, die einst die Römer erobert hatten, sondern von ihren eigenen Sitzen, aus ihrem Ursprung, und von den äußersten Küsten der barbarischen Gegend gewaltsam entfernt worden sind, so dass sie, nachdem sie in verlassenen Regionen Galliens angesiedelt worden waren, sowohl dem Frieden des Römischen Reiches durch Ackerbau dienten als auch den römischen Waffen durch Rekrutierung?«[18]

2.2 Erfolgreiche Abwehr neuer fränkischer Angriffe und die Stabilisierung der Rheingrenze unter Konstantin I.

Als Constantius Chlorus im Juli 306 starb, kam es zu einem fränkischen Beutezug in linksrheinische Gebiete. Fernab in Britannien, in York, wurde sein Sohn Konstantin I. zum Augustus erhoben; seine Herrschaft stand von Anfang an im Zeichen des Verteidigungskampfes gegen die Franken. Der neue Kaiser unternahm sogleich eine Strafaktion gegen die Eindringlinge; dabei wurden zwei Frankenkönige, Ascarius und Merogaisus, gefangen genommen und

> »durch äußerste Martern bestraft«. »Damals nämlich wurden die gefangenen Könige, nachdem sie von den Toren bis zum Forum die Wagen der Triumphierenden geehrt hatten, in den Kerker gebracht und getötet«[19],

heißt es in dem schon zitierten Panegyricus von 310. Aus anderen Quellen erfahren wir, worin die »äußersten Martern« bestanden: beide wurden bei Gladiatorenspielen in der Trierer

Arena wilden Tieren vorgeworfen. An diesen grauenvollen Tod erinnerte man sich noch lange. In einem späteren Panegyricus von 321 wurde das grausame Verhalten des jungen Kaisers geradezu als »Bürgschaft einer ungeheuren Größe« bezeichnet und mit den Taten des Herkules verglichen, der in der Herrschaftsideologie der Tetrarchen eine große Rolle spielte:

> »So wie man sagt, dass Herkules schon in zartem Alter und als Säugling zwei Schlangen mit seiner Hand erdrosselt habe, so dass schon in dem Kinde die Begabung zukünftiger Kraft hervorblitzte, so hast Du, Imperator, schon in den Anfängen Deiner Herrschaft selbst, als ob Du einen doppelköpfigen Drachen tötetest, Dir durch die berühmten Todesqualen der allerwildesten Könige spielend die Zeit vertrieben.«[20]

Wenig später, wohl 308, unternahm der Kaiser einen Zug gegen die Brukterer – mit Verwüstungen und Grausamkeiten, die wiederum drastisch (und sicher nicht ohne Übertreibungen) im Panegyricus von 310 beschrieben werden:

> »Unzählige wurden erschlagen, viele gefangen; was auch immer es an Vieh gab, wurde geraubt oder geschlachtet; alle Dörfer wurden durch Feuer vernichtet; die jungen Männer, die in Deine Hände fielen und deren Untreue für den Militärdienst, deren Wildheit für die Sklaverei ungeeignet war, wurden zur Strafe dem Circus-Spiel überantwortet und ermüdeten durch ihre große Zahl die reißenden Bestien«[21].

Nach diesen Erfolgen ging es nun darum, die Rheingrenze dauerhaft zu stabilisieren. Zwischen 308 und 310 wurde bei Köln eine feste Rheinbrücke errichtet mit der stattlichen Länge von ca. 420 m. Über 19 m dicke Brückenpfeiler aus Eichenholz stützten das gewaltige Bauwerk. Zur Sicherung des Rheinübergangs erbaute man auf dem rechten Ufer das Kastell *Divitia*, dessen Name im heutigen Ortsnamen (Köln-)Deutz weiterlebt; es war wohl 315 fertiggestellt. Damit wurde der Weg zu vielleicht einmal erforderlichen Vergeltungsschlägen offengehalten und demonstriert, »dass Rom noch immer wie seit mehr als 300 Jahren das rechte Stromufer mit einem Landstreifen dahinter beanspruchte«[22]. Weitere Befestigungsanlagen wurden neu errichtet, vorhandene wurden verstärkt. Im Norden erneuerte man die Kastelle Utrecht und Valkenburg (am Oude Rijn), die als Stützpunkte für die Rheinflotte dienten. Das Kastell Gelduba wurde jetzt zu einer Festung ausgebaut, »einer der stärksten Bastionen im Mittelabschnitt des niedergermanischen Limes«[23]. Südlich von Neuss, in Monheim, wurde ein kleines Kastell (Haus Bürgel) errichtet (heute rechtsrheinisch); es diente wahrscheinlich zur Sicherung gegen die gegenüber im Bergischen Land siedelnden Brukterer. Schon der Panegyricus von 310 betonte optimistisch die völlig gesicherte Lage an der Rheingrenze: »da ja ohnehin der ganze Rhein mit bewaffneten Schiffen gerüstet ist und das an allen Ufern bis zum Ozean aufgestellte Heer loszubrechen droht«[24].

Auch im Landesinneren wurden die Sicherungsmaßnahmen verstärkt. An den wichtigen Straßen Köln – Tongern – Bavai und Köln – Trier, die die Franken oft bei ihren Einfällen genutzt hatten, waren schon unter den gallischen Sonderkaisern *burgi*, Wachtposten, errichtet worden; sie wurden jetzt erneuert und durch weitere Stationen vermehrt, u. a. Neumagen an der Mosel, Bitburg, *Contiomagus* (Pachten an der Saar), Cuijk an der Maas.

Noch aber waren die Gefahren nicht völlig gebannt. Als Konstantin 312 mit einem Großteil des gallischen Heeres nach Italien zog, um dort gegen seinen Konkurrenten Maxentius, den Sohn Maximians, vorzugehen, nutzte das eine fränkische Gruppe (am ehesten wohl Chamaven) zu einem neuerlichen Einfall über den Rhein. Sofort nach seiner Rückkehr eilte der Kaiser in die gefährdete Region. Dabei wandte er eine List an: Auf die angebliche Meldung eines Aufstands am Oberrhein zog er zum Schein ab, was die Eindringlinge ermutigte. Aber schnell kehrte er zurück, konnte die Feinde vernichtend schlagen und anschließend rechtsrheinisches Feindesland verwüsten. Auf der anschließenden Siegesfeier in Trier wurde nicht nur die Überwindung seines Konkurrenten, sondern auch sein massiver Vergeltungsschlag gegen die Franken bejubelt:

»Nachdem das ganze Bett des Rheins mit Deinen Schiffen angefüllt war, bist Du hinabgesegelt und hast dann ihre traurigen und trauernden Ländereien und Häuser geplündert und dem meineidigen Volk eine so große Niederlage und Verwüstung beigebracht, dass ihm anschließend kaum noch ein Name als Besitz blieb.«[25]

Die nächsten Jahre blieben ruhig, auch als Konstantin seit 317 in den Donauländern residierte. Die Regentschaft in Gallien überließ er seinem Sohn Crispus, der – gerade einmal zwölf Jahre alt – zum Caesar ernannt wurde. Praktisch leitete der Praetorianerpraefekt Vettius Rufinus die Politik; er zog 318/19 noch einmal gegen die Franken. Ob damals wirklich eine ernsthafte Gefährdung gegeben war, ist fraglich; man hat in dem Unternehmen eher einen »offenbar nur auf militärische Meriten abzielenden Feldzug« sehen wollen, zur Hebung des Prestiges des Kaisersohnes[26]. Und so feierte der 16-jährige Caesar 321 einen Triumph; die Konstantinischen Frankenkriege galten als abgeschlossen. Der Frieden hielt an, auch noch über den Tod Konstantins (337) hinaus.

»Die lange Friedenszeit kam auch den Franken zugute«[27]. So lassen sich verstärkt wirtschaftliche Kontakte mit dem Römischen Reich feststellen; die politischen Gegner kamen für Rom durchaus als Handelspartner in Betracht, und solche wirtschaftlichen Beziehungen hat man dann wohl auch vertraglich abgesichert. Bei der seit langem praktizierten Rekrutierung nichtrömischer, zumeist germanischer Soldaten für das Reichsheer treffen wir seit dem späten 3. Jahrhundert auch auf angeworbene fränkische Söldner; unter Konstantin begegnen vermehrt Franken im römischen Heer, meist noch mit lateinischen Namen. Und es sollte nicht mehr lange dauern, bis sogar Offiziersstellen mit Männern fränkischer Herkunft besetzt wurden, schließlich sogar Franken sich usurpatorisch des Purpurs bemächtigten.

2.3 Neue schwere Einbrüche in das Reich und die erfolgreiche Restauration durch Kaiser Julian

»In dieser Zeit wurde auch das Staatswesen erschüttert; ein Volk, das Franken genannt wurde, fiel über die in Gallien lebenden Römer her«[28] lesen wir zum Jahr 341. Nur vier Jahre über Konstantins Tod hinaus hatte der Frieden gehalten. Seine drei Söhne hatten die Nachfolge angetreten; zwischen zweien, Konstantin II. und Constans, kam es zum Bruderkrieg, aus dem Constans als Sieger hervorging. Schon seit einiger Zeit waren Franken über die nicht mehr gesicherten Grenzen im Bereich der Batavia eingedrungen und nutzten jetzt den Bruderzwist zu neuen Plünderungszügen. Constans aber konnte sie bezwingen und schloss 342 einen für die Römer günstigen Frieden mit ihnen. Darin wurde den Franken gestattet, ihre Siedelplätze zwischen Rhein und Waal zu behalten. Damit kehrte erst einmal wieder Ruhe ein. Gegen den beim gallischen Heer äußerst unbeliebten Constans wurde im Januar 350 in Autun der heidnische Comes Magnentius zum Kaiser ausgerufen; er war mütterlicherseits fränkischer Abstammung. Erstmals hatte ein Franke – wenn auch usurpatorisch – den Purpur erlangt. Constans floh nach Spanien und wurde dort ermordet; Magnentius erlangte im ganzen Westen Anerkennung. Um auch den Osten zu gewinnen, zog er mit einem gewaltigen Heer, unterstützt von Franken und Sachsen, nach Illyrien gegen den letzten überlebenden Sohn Konstantins, Constantius II. In einer extrem verlustreichen Schlacht bei Mursa (Osijek in Kroatien) 351 unterlag Magnentius. »Ein solcher Verlust an Wehrkraft war für mindestens eine Generation nicht wieder gutzumachen. Für Gallien führte er eine Katastrophe herbei«[29]. Magnentius gab aber noch nicht auf, blieb zunächst in Oberitalien und ging dann zurück nach Gallien, wo er von Constantius bei Gap (Haute Provence) erneut besiegt wurde. Wenig später beging er im Sommer 353 Selbstmord.

Sowohl alemannische wie fränkische Gruppen nutzten die Situation und fielen seit 352 wieder in die Gallia ein; die Rheinlinie brach alsbald zusammen. Weniger aus schriftlichen Quellen als aus archäologischen Funden (Münzhorte, keramische Funde) wird das Ausmaß der Zerstörung deutlich. So wurden die Lager Neuss und Vetera II (bei Xanten) zerstört. Constantius II., jetzt alleiniger Kaiser, ging zunächst erfolgreich gegen die Alemannen vor, die vorrangig für Italien gefährlich waren. Mit der Abwehr der Franken wurde ein General betraut.

> »Als die gallischen Provinzen infolge langer Vernachlässigung bittere Mordanschläge, Raubüberfälle und Brandschatzungen zu ertragen hatten, weil die Barbaren ungehindert umherschweiften und niemand zu Hilfe kam, brach Silvanus, der Befehlshaber der Fußtruppen, der als fähig galt, auf Befehl des Kaisers auf, um das in Ordnung zu bringen«[30].

Silvanus war ein in Gallien aufgewachsener Franke und Christ. Rechtzeitig vor der Schlacht war er zu Constantius übergegangen und in den Generalsrang aufgestiegen, was so manchen Neider am Kaiserhof aufbrachte und zu manchen Intrigen Anlass gab. Er war von Mailand aus nach Gallien aufgebrochen und erreichte über Autun schließlich Köln; seine Vertrauten am Hof unterrichteten ihn durch ständige Botschaften über die zunehmenden Intrigen. Er »sah sich in einer äußerst schwierigen Lage und gedachte sich dem Schutz der Barbaren anzuvertrauen«, d. h. zu den Franken überzugehen; aber das schien ihm dann doch zu gefährlich zu sein. Stattdessen wählte er einen anderen Weg:

> »Daher glaubte dieser sich in der augenblicklichen Lage nicht sicher und sah sich zum Äußersten getrieben, und nach und nach sprach er offener mit den höchsten Offizieren, machte sie durch das Versprechen einer großen Belohnung Feuer und Flamme [...] und schwang sich [im August 355] zur Höhe des Kaisertums auf.[31]«

Als Constantius in Mailand die unerhörte Nachricht erhielt, schickte er ein Kommando nach Köln, das mit einer List das Vertrauen des Usurpators erlangte und dann einige seiner

Soldaten bestach. Diese machten die Palastwachen nieder und töteten Silvanus, der gerade in eine christliche Kapelle fliehen wollte. Nur knapp einen Monat konnte sich der zweite Franke im Purpur der neuen Würde erfreuen. Schon kurz nach dieser Bluttat wurde Köln von den Franken hartnäckig belagert und schließlich eingenommen; das Maß der Zerstörung – von Ammianus Marcellinus vielleicht übertrieben – ist umstritten.

Aber nicht nur in Köln, in ganz Gallien war die Lage wieder höchst gefährlich geworden. In dieser Situation entschied Constantius, sich selbst im südlichen Bereich um die Abwehr der Alemannen zu kümmern, die Verwaltung Galliens aber seinem Vetter Julian zu übertragen, den er im November 355 zum Caesar erhob; er sollte die Wende schaffen. Julian hat später in einem brieflichen Lage- und Tatenbericht an die Athener die dramatische Situation geschildert:

> »Die Zahl der Städte, deren Mauern niedergelegt waren, beträgt etwa 45, abgesehen von den Türmen [Burgen] und kleineren Befestigungsanlagen. Das gesamte Land diesseits des Rheins, das die Barbaren beherrschten, erstreckte sich von den Quellen [des Stroms] bis zum Ozean; 300 Stadien (ca. 58 km) vom Rhein entfernt siedelten diejenigen, die uns am nächsten waren; dreimal so breit aber war der Raum, der infolge der Plünderungszüge völlig verlassen war, da es den Galliern dort nicht einmal mehr möglich war, ihre Herden zu weiden, und auch einige Städte waren von den Barbaren aufgegeben, doch siedelten in deren Nähe keine Barbaren«[32].

Mag auch der dann so erfolgreiche Kriegsherr ein wenig übertrieben haben – spätere Geschichtsschreiber haben die Situation ähnlich beschrieben, wie etwa Eutrop:

> »Bald schickte er [Constantius II.] seinen Vetter, den Caesar Julian [...] nach Gallien, weil die Barbaren viele Städte erobert hatten und andere belagerten; überall herrschte eine grauenhafte Verwüstung, und das Römische Reich geriet durch dieses Unglück bereits beträchtlich ins Wanken.[33]«

Im Frühjahr 356 zog Constantius erneut gegen die Alemannen – nach Ammianus Marcellinus hatten sie

»die Städte Straßburg, Brumath (nördl. von Straßburg), (Rhein-) Zabern (südöstl. von Landau), Selz (gegenüber Rastatt), Speyer, Worms und Mainz eingenommen und wohnten auf deren Gebiet (*territoria*) – denn die Städte selbst mieden sie wie von Netzen umspannte Gräber«[34].

Julian war schon im Dezember 355 von Mailand aufgebrochen und verbrachte nach Überschreitung des Mont Cenis den Winter in Vienne. Im Juni erreichte ihn der Befehl des Kaisers, sich zum Heer nach Reims zu begeben. Er marschierte über Autun – ein Angriff der Alemannen wurde hier abgeschlagen –, Auxerre und Troyes bis Reims. Noch war das primäre Ziel des Kaisers der Kampf gegen die Alemannen; bei Brumath erlangte Julian einen Sieg. Anschließend wandte er sich nach Norden; der niedergermanische Limes war nach der Einnahme Kölns durch die Franken an vielen Stellen überrannt worden. Ammianus Marcellinus schildert – wenn auch vielleicht etwas übertreibend – die Situation, die Julians Truppen auf ihrem Zug vorfanden: »In diesen Gegenden findet man weder eine Stadt noch ein Kastell, außer dass bei Koblenz die Stadt Remagen liegt und ein einziger (Wehr-)Turm bei Köln selber steht«. Neben Remagen blieb aber wohl auch Koblenz unzerstört. Im Herbst konnte Julian in Köln einziehen; er »zog von dort nicht eher wieder ab, bis er mit den eingeschüchterten Frankenkönigen, deren Kampfeifer nachließ, einen Frieden schloss, der dem Staat einstweilen förderlich sein würde, und die schwerbefestigte Stadt zurückgewann«[35]. Bei diesen *reges Francorum* handelte es sich wohl um Stammes- oder Gaukönige (wie bei den Alemannen), die sich zur Verteidigung zusammengeschlossen hatten.

Im neuen Jahr war Julian vorrangig mit der Abwehr der Alemannen beschäftigt, die er im Sommer in der Schlacht bei Straßburg vernichtend schlug. Im Spätherbst, auf dem Weg in die Winterquartiere, marschierte er zunächst noch einmal nach Köln, um auch in der nach wie vor gefährdeten Germania II Präsenz zu zeigen. Von dort sollte es dann wohl auf der Straße nach Bavai und weiter nach Reims und Paris gehen. Zwischen Jülich und der Maas stieß man auf plündernde Franken, 600 an der Zahl; die lange Abwesenheit des römischen Heeres hatte sie ermutigt. Jetzt war ihnen die Rückkehr in die Heimat abgeschnitten; sie besetzten zwei leerstehende Kastelle an der Maas (leider benennt Ammian sie nicht näher) und konnten sich hier behaupten. 54 harte Wintertage im Dezember und Januar dauerte die Belagerung.

> »Damals befiel den so schlauen Caesar große Sorge, dass die Germanen eine mondlose Nacht abwarteten, um den zugefrorenen Fluss zu überschreiten, und so ordnete er an, dass täglich von Sonnenuntergang bis zum ersten Morgengrauen Soldaten auf Patrouillenbooten den Fluss auf- und abfuhren, damit die Eisdecke aufbrach und niemand so leicht Gelegenheit erhielt auszubrechen«[36].

Schließlich ergaben sich die Franken, die umgehend zum Kaiserhof deportiert wurden und dort wohl als Soldaten dienen mussten. Jetzt konnten endlich die Winterquartiere aufgesucht werden.

Bevor im Sommer 358 ein neuer Feldzug gegen die Alemannen unternommen wurde, wandte sich Julian im Mai/Juni

> »zuallererst gegen die Franken, und zwar gegen diejenigen, die man gewöhnlich Salier nannte und die es einst frech gewagt hatten, sich ihre Wohnsitze auf römischem Boden in der Gegend Toxandrien einzurichten.«[37]

Toxandrien, seit dem frühen 8. Jahrhundert auch als Gau- und Grafschaftsname belegt, umfasst in etwa die Landschaft zwischen Maas, Demer und Schelde, also heute das niederländisch-belgische Grenzgebiet in den Provinzen Brabant und Antwerpen. Wann die Salier »einst« aus ihrem ursprünglichen Siedlungsraum zwischen Rhein und Waal hier eingedrungen waren, bleibt unklar. Julian empfing in Tongern eine Gesandtschaft der Salier und führte zum Schein Verhandlungen mit ihnen und entließ sie mit Geschenken. Dann aber folgte er ihnen und

> »griff sie plötzlich alle an und überwältigte sie wie in einem Gewittersturm; und da sie sich bereits mehr aufs Bitten verlegten, als dass sie Widerstand leisteten, ließ er sich durch den errungenen

Sieg zu einem gehörigen Anteil Milde umstimmen und nahm sie, die sich mit ihrem Vermögen und ihren Kindern ergaben, auf.«[38]

Unter welchen Bedingungen er ihnen die Ansiedlung auf römischem Boden gestattete, ist umstritten. Manche Forscher haben einen Föderatenstatus angenommen (Beisel); eher dürfte wohl an *dediticii*, sich Ergebende, zu denken sein, die jetzt als untergebene Reichsangehörige als Hilfstruppen dienen mussten. »Wesentlich ist, dass sich im Gegensatz zu der bisherigen lokalen Ansiedlung damit zum ersten Mal ein ganzer fränkischer Teilverband im röm. Gallien festsetzen konnte.«[39]

Anschließend griff Julian die Chamaven an und besiegte sie; sie durften dann in ihre Heimat zurückkehren, mussten aber versprechen, die freie römische Schifffahrt auf dem Niederrhein zu garantieren. Dabei ging es hauptsächlich um die Sicherung der Getreidezufuhr aus Britannien. Aber das genügte ihm nicht; die Festungsanlagen des Rheinlimes mussten erneuert bzw. vermehrt werden. Nach Ammians Bericht ließ er sieben Kastelle wieder besetzen: *Castra Herculis* (Druten am Waal? Mijnerswijk bei Arnheim?), *Quadriburgium* (Qualburg bei Kleve), *Tricensima* (bei Xanten), Neuss, Bonn, Andernach und Bingen. Wahrscheinlich wurde jetzt auch das Kastell Boppard neu errichtet. Auch an der Maas ließ er drei Anlagen wieder einrichten. Selbst aus Nicht-Römern bestehende Einheiten der *Auxilia* beteiligten sich an den Bauarbeiten:

»und die Soldaten der Hilfstruppen, die stets derartige Leistungen verachten, wurden durch Julians gute Worte zu beflissenem Gehorsam umgestimmt, schleppten ohne Unwillen Bauholz von 50 Fuß (ca. 1,5 m) Länge und mehr auf ihren Schultern und leisteten große Hilfe bei den Bauarbeiten.«[40]

Auch den Winter 359/60 verbrachte Julian in Paris. Im neuen Jahr zeichneten sich Auseinandersetzungen mit Constantius II. ab; der Kaiser benötigte im Osten Ersatz für seine Truppen und wollte dafür Teile des gallischen Heeres abziehen. Das verärgerte nicht nur den Caesar, sondern auch seine Soldaten, die ihn im Februar 360 zum Augustus ausriefen. Im Sommer startete er ein letztes Unternehmen im niederrheinischen Grenzraum: Von *Tricensima* (bei Xanten) aus

> »setzte er über den Rhein und drang plötzlich in das Gebiet der Franken vor, die Chattuarier heißen, ruheloser Menschen, die damals noch allzu ungehindert die äußersten Teile Galliens durchstreiften.«

Der überraschende Blitzangriff verlief höchst erfolgreich; viele wurden getötet oder gefangen genommen;

> »anderen, die überlebten und darum baten, gewährte er nach eigenem Ermessen Frieden, da er glaubte, damit den benachbarten Grundbesitzern [wohl im Raum um Xanten] zu nützen.«[41]

361 ging er noch einmal siegreich gegen die Alemannen vor. Damit endete seine äußerst erfolgreiche Germanenpolitik, die ihm die Siegestitel *Alamannicus* und *Francicus maximus* einbrachte (CIL III 12 333). Die ihm verbleibenden zwei Lebensjahre verbrachte Julian im Osten, zunächst in Auseinandersetzung mit Constantius, nach dessen Tod im November 361 als alleiniger Augustus. An der Rheingrenze blieb es ruhig; Ammian hat die Erfolge im Nachruf auf »seinen« Kaiser gewürdigt: »Die Reiche wilder Germanen hat er vernichtet.«[42]

2.4 Grenzsicherung und Integration unter Valentinian I. (364–375)

Julians Nachfolger Jovianus war nur ein dreiviertel Jahr Regierungszeit vergönnt; ihm folgte im Februar 364 der Tribun Valentinian, der schon unter Julian in Gallien gedient hatte. Er war also mit den Verhältnissen im Westen vertraut und nahm dann auch die westlichen Provinzen für sich in Anspruch, als er – auf Drängen des Militärs – schon bald seinen jüngeren Bruder Valens zum Mitkaiser erhob. An den Grenzen der gallischen Präfektur drohten schon im Frühjahr neue Gefahren, als Alemannen über den Rhein und nach Rätien einfielen. Von Problemen mit den Franken hören wir vorerst

Abb. 1: Undatierte Grabinschrift eines fränkischen Soldaten in römischen Diensten, gefunden in der Nähe von Budapest.
Die Bildinschrift lautet:
FRANCVS EGO CIVES ROMANVS MILES IN ARMIS
EGREGIA VIRTVTE TVLI BELLO MEA DEXTERA SEMPER
(»Ich, ein fränkischer Bürger, ein römischer Soldat in Waffen, trug mit außerordentlicher Tapferkeit stets mit meiner Rechten [Waffen] im Krieg«)

nichts. 367/68 aber fielen fränkische und sächsische Plünderer in die Küstengebiete an der Nordsee ein. Über Gegenmaßnahmen ist direkt nichts überliefert; dass Valentinian aber nicht untätig blieb, kann man daraus erschließen, dass er 368 die Siegertitel *Germanicus maximus, Alamannicus maximus, Francicus maximus* annahm (CIL II 4733; VI 1175, 1180). Gesichert sind auf jeden Fall seine Bemühungen um den Ausbau eines umfassenden Festungssystems; er gilt als »der letzte große Festungsbauherr am Rhein«[43].

> »Valentinian aber hatte große, nützliche Pläne; den ganzen Rhein von seiner Quelle in Rätien bis hin zum Ärmelkanal befestigte er mit starken Dämmen, auf den Höhen errichtete er Militärlager und Kastelle und an günstig gelegenen Orten auf der ganzen Linie Türme, soweit sich Gallien erstreckte; manchmal wurden auch auf der anderen Seite des Stroms Bauten angelegt, wo er das Gebiet der Barbaren streift«[44].

So errichtete er zwei *burgi* bei Asperden (Kreis Kleve) und in *Asciburgium* (Moers-Asberg); die Festung Cuijk an der Maas (südl. von Nimwegen) ließ er umbauen, das Kastell Gellep wurde weiter ausgebaut. Aber es ging nicht nur um Defensive, sondern auch um die militärische Sicherung wichtiger Rheinübergänge vor möglichen Gegenschlägen. Wo keine Brücken vorhanden waren, wurden Fähren und Ankerplätze auf dem rechten Rheinufer gesichert, so bei Engers (bei Neuwied) und vielleicht bei Gellep-Duisburg. Valentinian residierte seit 370 ständig in Gallien, im Winter vorzugsweise in Trier. Wenn auch seine Feldzüge nicht alle mit vollem Erfolg endeten,

> »der Respekt und die Angst, die sie den germanischen Nachbarn einflößten, schufen Gallien mehr als ein Jahrzehnt Frieden – viel im Vergleich zur Zeit vor seinem Regierungsantritt, sehr viel im Vergleich zu dem, was Gallien in den kommenden Jahrzehnten zu erdulden hatte.«[45]

Neben der Grenzsicherung bemühte sich Valentinian auch um eine Integration von Franken, indem er sie verstärkt als Söldner ins Heer aufnahm. So wurden damals Kavallerieeinheiten mit den Namen *Bructeri* und *Ampsiuarii* rekrutiert[46] und den Auxiliartruppen zugeteilt. Insgesamt lässt sich schon seit Konstantin I. eine deutliche Zunahme germanischer Kriegerverbände im Reichsheer feststellen. Den Schriftquellen ist allerdings kaum zu entnehmen, wie und an welchen Orten diese fränkischen (und anderen barbarischen) Soldaten zum Einsatz kamen. Hier hilft die Archäologie weiter: Zahlreiche Friedhöfe im nördlichen Gallien enthalten Gräber von eindeutig nichtrömischen Personen, erkennbar an den Grabbeigaben: Waffen (für Römer nicht üblich), typisch germanische Trachtbestandteile (besonders Fibeln) und Gebrauchsgegenstände. Nicht alle diese Söldner verblieben nach Ableistung ihres Dienstes in Gallien und verstarben dort; viele kehrten auch nach Dienstende in ihre Heimat zurück. Ihre Soldzahlungen in römischen Goldsolidi brachten sie mit, was die ergrabenen reichen Geldhorte belegen. Auch in ihren Gräbern fand man römische Münzen und Militärgürtelbeschläge.

Unter Valentinian gelang auch erstmals einem Franken der Zugang zur höchsten Generalität: Der erste war Merobaudes, der zwar nicht eindeutig als Franke belegt ist; die Namensform macht aber eine fränkische Herkunft mehr als wahrscheinlich. Er hatte schon im Heer Julians gedient; unter Valentinian wurde er Heermeister (*magister peditum praesentalis*): »Den

Merobaudes, einen Mann, der in militärischen Aktionen mehr Erfahrung als alle anderen besaß, stellte er an die Spitze seiner gesamten Armee«[47]. Auch unter Valentinians Sohn Gratian behielt er diese Stellung, obwohl er – offenbar ohne Gratians Erlaubnis – dessen jüngeren, gerade einmal vier Jahre alten Bruder Valentinian II. unmittelbar nach dem Tod des Vaters zum Kaiser ausrufen ließ. Gratian aber stimmte der Erhebung nachträglich zu und wies seinem kleinen Bruder die italische Präfektur zu. Zweimal bekleidete Merobaudes auch das Konsulat (377 und 383) – eine ungewöhnliche Ehre für einen Barbaren. Zeitweise agierte er sehr eigenmächtig, wenn er etwa von Gratian für den Kampf mit den Goten im Osten angeforderte Truppen verweigerte. Sein Leben endete durch – vielleicht vom Usurpator Magnus Maximus erzwungenen – Selbstmord 383 (oder erst 387/88).

Drei weitere Franken erreichten diese militärische Spitzenposition; sie seien bereits hier im Zusammenhang vorgestellt. Unter Gratian stieg Richomer auf, der erstmals 377 als *comes domesticorum*, Kommandant der Leibwache des Kaisers, begegnet. Er stand dann an der Spitze von Truppen, die aus dem Westreich zur Gotenabwehr in den Osten entsandt wurden. Die schwere Niederlage bei Adrianopel 378 überlebte er und blieb dann im Osten, wo er als Vertrauter des neuen Kaisers Theodosius I. (379–395) wichtige Positionen einnahm und bald (383?) zum Heermeister aufstieg. 384 erlangte auch er das Konsulat. Im Kampf gegen den Usurpator Magnus Maximus kommandierte er die Truppen des Theodosius im Westen; seit 391 weilte er wieder im Osten, wo er 394 verstarb.

Als dritter wäre Bauto zu nennen, der – nach dem brieflichen Zeugnis des Zeitgenossen Ambrosius – »aus einem Geschlecht von jenseits des Rheins abstammte«[48]. Nach Zosimos waren er (und der gleich zu behandelnde Arbogast) »nach ihrer Herkunft Franken, den Römern durchaus ergeben, absolut unbestechlich und im Militärwesen vortrefflich aufgrund ihrer Klugheit und Tapferkeit«[49]. Gratian setzte ihn im Kampf gegen die Goten ein und machte ihn wohl schon 380 zum Heermeister. Nach der Ermordung Gratians 383 trat er in den Dienst des jungen Kaisers Valentinian II., dessen maßgeblicher Berater er wurde. Sein hohes Ansehen am Mailänder Hof gipfelte 385 in der Erhebung zum Konsul, wozu ihm Augustinus mit einem Panegyricus gratulierte. Da er bereits 387/88 starb, erlebte er nicht mehr die Hochzeit seiner Tochter Eudoxia mit Kaiser Arcadius (383–408), die ihn damit – wenn auch postum – zum Schwiegervater eines Augustus machte.

Sein Nachfolger wurde Arbogast, ein Neffe Richomers. Der heidnische Franke war aus seiner Heimat vertrieben worden und hatte schon unter Gratian Karriere im römischen Militärdienst gemacht. Auch er wirkte erfolgreich im Kampf gegen den Usurpator Magnus Maximus, der im Sommer 388 in Aquileia umgebracht wurde; »in Gallien räumte er [...] unter den Anhängern des Usurpators auf«[50]; er kämpfte aber auch gegen fränkische Stammesgenossen (s. S. 61). Theodosius erhob ihn zum *magister peditum praesentalis*. Mit dem jungen Valentinian II. sehen wir ihn seit 389 in Trier. Der erfolgreiche Heerführer gab sich recht herrschsüchtig; bald kam es zu Streitereien mit dem gerade einmal 17-jährigen Kaiser, die sich derart steigerten, dass dieser sich im Winter 391/92 nach Vienne zurückzog. Hier eskalierten die Spannungen, als Arbogast eigenhändig den Sohn eines früheren Konsuls erschlug, den der Kaiser vergeblich mit seinem Purpur zu schützen versucht hatte. Darauf wollte Valentinian seinen Heermeister entlassen; in einer dramatischen Szene zerriss Arbogast die Entlassungsurkunde vor den Augen des Kaisers und warf sie zu Boden. Als man am 15. Mai 392 den Kaiser in seinem Palast in Vienne erhängt auffand, kochten schnell die Gerüchte hoch: War es Mord oder Selbstmord? War Arbogast zu verdächtigen? Die Schuldfrage wurde nie geklärt. Sollte Arbogast jetzt selbst nach dem Purpur greifen? Aber er schätzte seine Chancen realistisch ein und suchte stattdessen einen »Marionettenkaiser«. Im August 392 ließ er seinen Günstling Eugenius, einen ehemaligen Rhetorikprofessor und unter Valentinian *magister scrinii* (Kanzleichef), vom Heer zum Augustus ausrufen. Dass dieser, von einem Heiden zur Herrschaft gebracht und selbst ein eher lauer Christ, vom frommen Theodosius nicht anerkannt wurde, überrascht nicht. Jetzt kam es zur letzten großen heidnischen Reaktion im Westen. Als Theodosius im Januar 393 seinen jüngeren Sohn, den erst 9-jährigen Honorius, zum Augustus proklamierte und als künftigen Kaiser des Westens bestimmte, war der Bruch endgültig. Im folgenden Jahr zog Arbogast mit »seinem« Kaiser zum Kampf um die Herrschaft nach Italien. In einer zweitägigen Schlacht am Frigidus (Nebenfluss des Isonzo, im heutigen Slowenien) trug Theodosius einen vollständigen Sieg davon. Eugenius wurde getötet, Arbogast entkam noch in die Berge, nahm sich aber nach zwei Tagen das Leben.

Zu erwähnen ist schließlich Mallobaudes, der es zwar nicht bis zum Heermeister brachte, aber als bedeutender Feldherr in der Abwehr der Alemannen hervortrat. In der Schlacht bei *Argentaria* (Horburg bei Colmar) 378 kommandierte er zusammen mit Nannienus das römische Heer und erlangte einen bedeutenden Sieg über Priarius, den König der Lentienser (Alemannen im Linzgau), der im Kampf fiel. Ammian nennt ihn *domesticorum comitem regemque Francorum*, also »Kommandant der kaiserlichen Leibwache und König der Franken«. Dem bedächtigen Nannienus, »einem Feldherrn von besonnener Tüchtigkeit«, stellt er den »kriegerischen und tapferen Mann« Mallobaudes gegenüber, der »wie gewöhnlich von großer Kampfleidenschaft ergriffen war und drängte, keinen Aufschub duldend, zum Angriff auf den Feind«[51]. Zwei Jahre später brach ein Konflikt aus zwischen dem König der nordalemannischen Bucinobanten (gegenüber von Mainz), Macriarius, der in fränkische Gebiete eingefallen war, und dem »kriegerischen König Mallobaudes«[52]. Macriarius fiel einem Hinterhalt zum Opfer. Mallobaudes war also in seine fränkische Heimat zurückgekehrt. Hatte er seine römische Offiziersstellung aufgegeben und wurde dann in seiner Heimat *rex Francorum*? Die Quellenlage spricht dafür, dass er 378 gleichzeitig beide Funktionen innehatte, und die Forschung hat überwiegend diese Meinung vertreten. H. Castritius hingegen plädiert für ein zeitliches Nacheinander beider Funktionen, »wobei sich allerdings das Problem der Reihenfolge ergibt«[53]. Über Mallobaudes' weiteres Schicksal schweigen die Quellen.

2.5 Neue fränkische Einbrüche, römische Gegenschläge und Grenzsicherung durch Verträge: Die Zeit Gratians und Valentinians II.

375 war Valentinian I. gestorben. Sein 18-jähriger Sohn Gratian weilte in Trier, sein Bruder Valens in Antiochia. Dennoch wurde – wir hörten es schon – der jüngste Sohn Valentinian II. zum Kaiser ausgerufen und mit der italischen Präfektur ausgestattet. Die Hauptverantwortung für das Reich lag weiterhin in der Hand Gratians. Seine Regierungszeit war vorrangig vom Einbruch der Goten in das römische Thrakien und von neuen Angriffen der Alemannen überschattet; von Problemen mit den Franken wird weiterhin nichts berichtet. Als Valens 378 in der Schlacht bei Adrianopel fiel, sah sich Gratian von der doppelten Gefahr im Osten und Westen überfordert und entschied sich dafür, für den Osten einen neuen Mitherrscher zu erheben. Im Januar 379 wurde Theodosius, Sohn eines gleichnamigen Heermeisters, zum Augustus des Ostens ausgerufen. Gratian kehrte nach Gallien zurück, wo ihm Erfolge gegen die Alemannen gelangen. Mit ihm

> »ging eine Epoche zu Ende, in der Rom noch einmal den Kampf gegen die germanischen Nachbarn bestand. Der Anfang vom Ende fiel noch in die letzten Regierungejahre Gratians«[54].

Das Verhängnis für Gallien begann mit einer Usurpation in Britannien. Im Frühjahr 383 riefen dort die Soldaten ihren Befehlshaber Magnus Maximus zum Kaiser aus. Schon wenig später zog der Usurpator Truppen von der Insel ab, um auf dem Festland Gratian zu bekämpfen. Dieser, durch die Abwehr der Alemannen gefordert, sah sich nun auch noch in einen Bürgerkrieg verstrickt. Der hochgebildete, aber nicht gerade entschlusskräftige Kaiser verlor rasch an Ansehen bei seinen Truppen, die dann fast alle zu Maximus überliefen. Dessen Heermeister tötete Gtatian im August in Lyon. Der »letzte römische Kaiser am Rhein«[55] war tot. Der Kaiser im

Osten, Theodosius, arrangierte sich mit Maximus, der in Trier residierte, während in Mailand der inzwischen 12-jährige Valentinian II. amtierte. Auch er erkannte schließlich den Usurpator als Mit-Augustus an, der sich durchaus zu bewähren schien und den Frieden an den Grenzen sicherte. Doch sein übermäßiger Ehrgeiz wurde Maximus zum Verhängnis. Als er 387 vom Mailänder Hof um Waffenhilfe gegen Einfälle an der Donau gebeten wurde, marschierte er stattdessen selbst in Italien ein, was Theodosius nun doch zum Gegenschlag bewog. Zweimal kämpfte er siegreich gegen den Eindringling, der schließlich im August 388 in Aquileia ermordet wurde.

Man hat zu Recht darauf hingewiesen, dass sich in diesen Jahren die Situation Galliens grundlegend veränderte. Der Herrscher im Westen, ein Kind, regierte vom fernen Mailand aus. »Rom wurde nicht mehr in Gallien verteidigt, sondern in den Alpen. Die Donauländer, überhaupt die illyrische Präfektur, interessierten den Kaiser mehr als Gallien.«[56]

Nicht lange nach Maximus' Einmarsch in Italien nutzten fränkische Gruppen seine Abwesenheit und fielen erneut über den Limes in die Germania II ein. Wir wüssten fast nichts darüber, hätte nicht Gregor von Tours in seinen Historien den eingangs schon genannten spätrömischen Geschichtsschreiber Sulpicius Alexander (s. S. 18) ausgiebig zitiert, dessen Werk verloren ist. Gregor geht es in seinem von der Forschung immer wieder diskutierten Kapitel primär um die Frage, »wer aber von den Frankenkönigen der erste gewesen ist«[57]. Den Bericht des Sulpicius ordnet er chronologisch ein: »Da, wo er erzählt, dass Maximus alle Hoffnung auf sein Reich aufgegeben hatte und sich ganz kopflos in Aquileia aufhielt, fährt er so fort:« und zitiert ihn dann:

> »Damals brachen unter ihren Herzögen (*ducibus*) [oder Anführern?] Genobaud, Marcomer und Sunno die Franken in die Provinz Germania ein, sie durchbrachen den Grenzwall, töteten viele Menschen, verheerten die fruchtbarsten Gaue und verbreiteten auch in Köln Furcht und Schrecken.«

Am ehesten ist wohl an einen Durchbruch im Raum Xanten – Gellep zu denken; mit den »fruchtbarsten Gauen« könnte die Kölner Börde gemeint sein. Die Heermeister Nannienus und Quintinus – sie waren von Maximus zum Schutz seines in Trier verbliebenen Sohnes und zur Verteidigung bestimmt worden – zogen in Richtung Köln; vor ihrer Ankunft allerdings hatten sich viele der Eindringlinge bereits mit reicher Beute wieder über den Rhein zurückgezogen. Sie »ließen jedoch viele der Ihren auf römischem Grund und Boden zurück, um ihn abermals zu verwüsten.« Wie weit sie durch die niedergermanische Provinz vordrangen, geht aus der folgenden Nachricht hervor, dass die Römer »viele Franken im Kohlenwald töteten«; die *silva Carbonaria* bezeichnete einen breiten Waldgürtel, der sich in südwestlich-nordöstlicher Richtung etwa von Bavai bis Löwen erstreckte. Über die Frage, ob man nach diesem Erfolg »in das Frankenland selbst einrücken solle« (d. h. in rechtsrheinisches Gebiet), waren die Heermeister uneins. Der zögerliche Nannienus ging nach Mainz zurück, während Quintinus bei Neuss den Rhein überschritt, allerdings auf diesem Rachefeldzug in einen Hinterhalt geriet, aus dem nur wenige entkamen. Die Schwierigkeiten, die das teils waldige, teils sumpfige Gelände den römischen Soldaten bereitete, schildert Sulpicius eindrucksvoll; der Passus sei hier ausführlich zitiert:

> »Denn die Franken hatten, gleich als ob sie eine Begegnung mit dem Feinde fürchteten, sich tief in das Waldgebirge zurückgezogen und am Rande der Wälder Verhaue angelegt. Die Soldaten steckten also alle Häuser in Brand – denn feige Dummheit hielt es für die Vollendung des Sieges, gegen Häuser zu wüten – und brachten dann eine sorgenvolle Nacht unter der Last der Waffen zu. Bei Tagesanbruch aber rückten sie unter Anführung des Quintinus in das Waldgebirge ein, gegen Mittag gerieten sie auf Irrwege und zogen hin und her, ohne belästigt zu werden. Endlich, als sie alles von gewaltigen Hecken ringsum dicht umschlossen fanden, wollten sie in sumpfigen Ebenen, die unmittelbar an die Wälder stießen, sich hinabziehen; da zeigten sich ihnen hier und da Feinde, die zusammen hinter Baumstämmen oder Verhauen stehend, von dort, gleichwie von Turmzinnen, Pfeile wie aus Wurfmaschinen

> ausschütteten; die Pfeile aber waren in den Saft giftiger Kräuter
> getaucht, so dass auch auf Wunden, die nur die Haut ritzten und
> nur ungefährliche Stellen verletzten, doch unausbleiblich der Tod
> folgte. Darauf umringte eine große Anzahl der Feinde das Heer,
> und mit Hast stürzte es sich nun in die offenen Ebenen, welche die
> Franken noch freigelassen hatten. Hier versanken zuerst die Reiter
> in dem Morast, und da sich die Körper von Mensch und Tier nicht
> lösen konnten, erstickten sie sich gegenseitig bei ihrem Untergang.
> Aber auch die Fußsoldaten, welche nicht die Last der Pferde
> niederdrückte, gerieten in den Schlamm und zogen nur schwer die
> Füße wieder heraus; sie verbargen sich daher bald zitternd wieder
> in den Wäldern, aus denen sie sich kurz vorher mit Mühe
> herausgerettet hatten. So lösten sich die Reihen und die Legionen
> wurden niedergehauen. Heraclius, der Anführer der Joviani [Name
> einer Legion], und fast alle Befehlshaber fielen, nur wenigen
> gewährten die Nacht und die Schlupfwinkel der Wälder eine
> sichere Zufluchtsstätte.«

Durch diese schwere römische Niederlage offenbar ermutigt, fielen im folgenden Jahr erneut Franken in die Germania II ein und machten reiche Beute.

> »Arbogast [der Heermeister, s. S. 56] wollte keinen Aufschub mehr,
> sondern trieb den Kaiser [Valentinian II.] an, er solle die Franken
> nach Gebühr züchtigen, wenn sie nicht alles, was sie im Jahr zuvor
> nach dem Sieg über die Legionen erbeutet, sogleich zurückgäben
> und die Urheber des Krieges auslieferten, an denen die Treulosig-
> keit und der Friedensbruch bestraft werden müsste.«[58]

Valentinian aber entschied, es bei der Androhung einer Strafexpedition zu belassen und in Verhandlungen mit Marcomer und Sunno, den »Königlichen der Franken« (*Francorum regalibus*), einzutreten. Dazu kam es dann wirklich, und ein durch Austausch von Geiseln bekräftigter Frieden wurde geschlossen. Dieser wurde im nächsten Jahr gebrochen, aber nicht von den Franken, sondern von Arbogast. Bevor er den Kampf mit Theodosius um die Macht aufnahm und dazu Truppen aus der Germania abzog, galt es, die Rheingrenze abzusichern und die germanischen Nachbarn von neuen Einfällen abzuhalten. Ganz untypisch für die Römer entschloss er sich mitten im Winter 392/93 zu einem Feldzug gegen die Franken. Man hatte aber aus der Niederlage des Quintinus gelernt und kannte die Widrigkeiten des Geländes, wie Gregors Gewährsmann Sulpicius berichtet:

> »In demselben Jahr griff Arbogast mit dem Hass eines Stammesgenossen [er war ja selbst Franke!] Sunno und Marcomer, die Kleinkönige der Franken (*subregolus Francorum*), an, und ging gerade im härtesten Winter auf Köln los, da er wusste, dass man sicher in alle Schlupfwinkel des Frankenlandes eindringen und sie mit Feuer verwüsten könnte, wenn die Wälder, ihres Laubes entkleidet und dürr, den auf der Lauer liegenden Feinden kein Versteck gewährten.«

Nach dem Rheinübergang verwüstete er zunächst das Land der Brukterer, dann weiter nördlich den Gau der Chamaven, ohne auf größeren Widerstand zu stoßen,

> »außer dass einige von den Amsivariern und Chatten [gemeint wohl Chattuariern] auf den entfernten Bergrücken unter der Anführung des Marcomer sichtbar wurden.«

Im neuen Jahr zog dann der Usurpator Eugenius noch einmal an die Rheingrenze und erneuerte die alten Bündnisse »mit den Königen der Alemannen und Franken«[59] (die nicht namentlich genannt werden).

Mit Arbogasts Tod 394 (s. S. 57) endete die Tradition von Franken in höchsten Kommandostellen des römischen Heeres. Theodosius hatte schon 393 seine Nachfolge geregelt: Dem jüngeren, 9-jährigen Sohn Honorius wurde der Westen zugedacht. In seinem Kampf mit dem Usurpator Eugenius setzte Theodosius als Heermeister den Vandalen Stilicho ein; nach Eugenius' Untergang machte er ihn zum ersten Reichsfeldherrn (*magister utriusque militiae*) und übertrug ihm vor seinem Tod (Januar 395) die Regentschaft für den jungen Honorius. Stilicho erneuerte die Verträge mit den Franken und Alemannen. Offenbar vertraute er aber seinen Vertragspartnern nicht ganz. Der Dichter Claudian berichtet von »Rebellen« und »Verbrechen von Königen« und nennt Marcomer und Sunno, die sich einem Verhör stellen mussten. Marcomer wurde nach Etrurien verbannt; »als der andere [Sunno] gelobte, dass er den

Exilierten rächen werde, fiel er durch den Dolch der Seinen.« Die abschließende Charakterisierung der beiden spricht für sich: »beide begierig, einen Umsturz anzustellen, rasend im Hass auf den Frieden, Brüder in ihrer natürlichen Veranlagung (*ingenio*) und ihrer Leidenschaft für Verbrechen«[60]. *Fratres* ist hier sicher nicht im Sinne von leiblichen Brüdern gemeint (anders Ewig[61]). Claudians höchst parteiisches Urteil – in einem überschwänglichen Panegyricus auf den Reichsfeldherrn Stilicho – und der poetisch stilisierte Ton des Ganzen müssen zur Vorsicht warnen; »die Gründe für das Exil Marcomers und für die Ermordung des S. müssen völlig im dunkeln bleiben«[62]. Stilicho war jetzt der leitende Staatsmann im Westen; die Vermählung seiner Tochter Maria mit dem jugendlichen Kaiser festigte seine Stellung weiter.

2.6 *Dux, regalis, subregulus, rex* – das Problem der frühesten fränkischen Könige

Wie schon erwähnt, geht es Gregor von Tours in seinem berühmten Kapitel II,9 um die Frage nach dem ersten Auftreten von Königen bei den Franken. »Wer aber von den Frankenkönigen der erste gewesen ist, ist vielen unbekannt.« Wie bis heute die moderne Forschung tut auch Gregor sich schwer mit der wechselnden Terminologie für die fränkischen Fürsten in seinen Quellen. Schon vor dem oben genannten Zitat stellt er zusammenfassend fest:

> »Denn obwohl das Geschichtswerk des Sulpicius Alexander vieles von den Franken berichtet, nennt er doch den ersten König derselben nicht, sondern spricht davon, dass sie *duces* hatten.«

Dann setzt das Quellenzitat mit dem schon oben angeführten Satz ein: »Damals brachen *Genobaude, Marcomere et Sunnone ducibus* die Franken in die Provinz Germania ein.«[63] Das sollte man wohl nicht – wie häufig in der Forschung – mit »unter ihren Herzögen« übersetzen, sondern eher mit »unter ihren Anführern/unter der Führung von«, wie es jüngst H. Castritius wieder vorgeschlagen hat, der m. E. zu Recht konstatiert: »für die Stellung des damit Gekennzeichneten ist damit jedoch lediglich gesagt, dass dieser die Führungsposition innehatte«[64]. Dass Gregor *duces* hier als »Herzöge« verstanden hat, wird wenig später deutlich, wenn er nach einem weiteren Zitat aus Sulpicius Alexander zusammenfassend schreibt: »Dies alles, erzählt er, sei geschehen, als [bei den Franken] Herzöge herrschten«; doch dann, mit dem nächsten Zitat, stößt er gleich auf neue Interpretationsprobleme: »Nach wenigen Tagen – Marcomer und Sunno waren damals die Königlichen (*regales*) der Franken – wurde [...]«. Ratlos wie auch wir kommentiert er:

> »Wenn der Geschichtsschreiber aber jene hier ›Königliche‹ nennt, so wissen wir nicht, ob sie Könige waren oder nur die Stelle von Königen vertraten (*an in vices tenuerunt regnum*)«[65].

Wenig später heißt es dann aber in einem weiteren Sulpicius-Zitat: »In demselben Jahr griff Arbogast mit dem Hass eines Stammesgenossen Sunno und Marcomer, die Kleinkönige der Franken (*subregolus* [sic!] *Francorum*) an«. Und schließlich berichtet Sulpicius von Eugenius' Erneuerung der Bündnisse »mit den Königen der Alemannen und Franken«; Gregor kommentiert das Zitat:

> »An einer zweiten Stelle gibt Sulpicius Alexander dann, ohne von Herzögen oder Königlichen zu sprechen, ganz deutlich zu erkennen, dass die Franken einen König hatten, nennt jedoch seinen Namen nicht.«[66]

Dabei muss es sich aber nicht um »einen König« der Franken handeln; Sulpicius' Formulierung lässt durchaus an mehrere Kleinkönige der Franken und der Alemannen denken.

Auch bei seinem zweiten Gewährsmann, dem spätrömischen Geschichtsschreiber Renatus Profuturus Frigiredus, sucht Gregor nach fränkischen Königen. Er zitiert dessen Bericht über die Auseinandersetzungen des Jahres 406 (s. S. 70), der einen Alanenkönig Respendial und einen Vandalenkönig Godegisel nennt; letzterer gerät in Kämpfe mit den Franken. Und wiederum kommentiert Gregor:

»Es bewegt uns die Frage, warum er, der hier Könige der anderen Völker nennt, bei den Franken keinen König erwähnt.«

Die gesamten Zitate beider Gewährsmänner fasst Gregor noch einmal mit der Feststellung zusammen:

»Solche Nachrichten haben uns die gedachten Geschichtsschreiber von den Franken hinterlassen, ohne dabei Könige namhaft zu machen.«[67]

Dass Gregor, der in einer gesamtfränkischen Monarchie bzw. unter Teilreichskönigen lebte, die sich alle *rex Francorum* nannten, vor der schwankenden Terminologie seiner Quellen ratlos stand, verwundert nicht. Nun sprechen aber auch andere als die von Gregor herangezogenen Quellen für diese Zeit von fränkischen Königen. So bezeichnet 399/400 der Dichter Claudian – wie oben bereits zitiert – die Vergehen Marcomers und Sunnos als »Verbrechen von Königen«; und nach deren Verbannung bzw. Tötung gab Stilicho den Franken – offenbar neue – Könige, wie es im selben Text heißt:

»Eher wird die Provence ihre Obergewalten verstoßen, als die Francia diejenigen Könige, die Du ihr gegeben hast«[68].

Demnach wären das Könige, deren »Reges-Stellung danach auf römische Autorisation zurückging«[69]. Nach Anton existieren für die von Gregor zitierten Autoren

»im Unterschied zu den klar monarchisch organisierten Alanen, Vandalen (vielleicht auch Goten) und namentlich zu den Alamannen, Franken oder größere [!] fränkische Verbände ohne eindeutige monarchische Konzentration und Verfasstheit«

– darin ist ihm zuzustimmen. Wenn er aber in Marcomer und Sunno »nicht die aktuellen Kriegsführer, sondern eine vorkönigliche Heerführerschaft« sieht, deren Tendieren zur königlichen Stellung in den Begriffen *regales* und *subreguli* steigernd verdeutlicht wird«[70], scheint er mir deren Stellung doch zu unterschätzen. Es gab keinen gesamtfränkischen *rex Francorum*, aber wohl Kleinkönige fränkischer Verbände – vielleicht nach dem Modell der »Heerkönige«, die A. Demandt beschrieben hat:

»Als Heerkönige werden Männer bezeichnet, die nicht selbst schon geborene Erben oder erwählte Nachfolger einer bestehenden Monarchie waren, sondern selbst auf dem Weg über Gefolgschaftswesen und Kriegführung eine grundsätzlich lebenslängliche Herrschaft errichtet haben«[71].

Auch dort betont er noch einmal zu Recht: »Der dux bezeichnet primär eine Funktion, der rex eine Würde, und diese kann sich aus jener ergeben«.

In der Diskussion wird allerdings oft unterschlagen, dass wir ja schon lange vor der Zeit Marcomers und Sunnos eindeutige Zeugnisse für die Existenz fränkischer Könige besitzen. So lernten wir bereits zu 288/89 einen Frankenkönig Genobaudes kennen (s. S. 40 f.); die Namensgleichheit mit dem jüngeren Genobaudes lässt sehr wahrscheinlich auf Verwandtschaft schließen. Zu 306/07 hörten wir von der Strafaktion Konstantins I. gegen die beiden *reges Franciae* Ascarius und Merogaisus, die bei Gladiatorenspielen in der Trierer Arena einen grauenvollen Tod fanden (s. S. 42). Ammianus Marcellinus berichtet zu 356 von Julians Verhandlungen »mit den eingeschüchterten Frankenkönigen« (s. S. 49); Namen werden nicht genannt. Dass zumindest die Chamaven zu der Zeit einen König hatten, bezeugt der Zeitgenosse Eunapios: Julian verhandelte 358 mit ihnen und forderte Geiseln vor einem Friedensschluss, und zwar »die Ranghöchsten«;

> »da sie ihn aber anflehten und baten, die zu benennen, die er verlangte, änderte er seine Taktik und forderte den Sohn ihres Königs«[72].

Nach langem Hin und Her kam ein Friedensschluss zustande und Julian forderte nur noch die Mutter des Nebisgastes [als Geisel]; sie willigten sofort ein und übergaben sie ihm.« Aus dem Zusammenhang wird nicht ganz klar, ob dieser Nebisgastes der König selbst oder sein Sohn war – letzteres scheint mir wahrscheinlicher. Schließlich lernten wir für die Jahre 378 ff. den bedeutenden Feldherrn Mallobaudes kennen, der nach Ammian auch *rex Francorum* war (s. S. 57). Man hat ihn zuweilen mit einem zu 354/55 bezeugten Franken Mallobaudes identifiziert, der in der durchaus bedeutenden Funktion eines *tribunus armaturarum* (Tribun der schwerbewaffneten Leibgarde) am Mailänder Kaiserhof diente[73]. Der lange Zeitraum spricht eher gegen eine Identität; derselbe Name macht aber eine Verwandtschaft mehr als wahrscheinlich.

Wir sehen also seit dem Auftauchen des Frankennamens in den Quellen im späten 3. Jahrhundert zumindest einige Könige der Franken bezeugt. Dass es noch keinen *rex Francorum* im Sinne eines monarchischen Gesamtherrschers gab, versteht sich von selbst; schließlich formte sich ja erst langsam ein Volk der Franken. Wir haben es also wohl mit *reges* einzelner Teilstämme, oft kleinerer Gruppen zu tun, wie sie etwa bei den Alemannen reich bezeugt sind. Dass die römischen Geschichtsschreiber sich teilweise schwer taten, diese königlichen Anführer (*duces*) barbarischer Kriegerscharen korrekt zu bezeichnen, ihnen dann den vollwertigen *rex*-Titel verweigerten und stattdessen auf Hilfsbegriffe wie *regales* und *subreguli* verfielen, ist verständlich.

3 Die fränkisch-römischen Beziehungen in der ersten Hälfte des 5. Jahrhunderts

3.1 Die Ära Stilichos: Ruhe vor dem Sturm und die Katastrophe von 406/07

Um 396 hatte Stilicho die Rheingrenze inspiziert und die Verträge mit den unruhigen Nachbarn erneuert. Nachdem auch die Schwierigkeiten mit den fränkischen Kleinkönigen Marcomer und Sunno ausgeräumt waren (s. S. 62 f.), konnte Stilicho sich den für ihn drängenderen Problemen zuwenden: dem Streit mit Ostrom um Illyricum, das er für den Westen beanspruchte, und der dort immer gefährlicher werdenden Bedrohung durch die Goten. Glaubt man dem Panegyriker Claudian, so brach im Westen eine Friedenszeit an:

> »und den bedrohlichen Rhein zwingst Du, nachdem seine Hörner gebrochen sind, so sehr dazu, mild zu werden, dass der Salier jetzt die Felder bestellt und der Sigambrer seine gebogenen Klingen zu Sensen krümmt, und ein Reisender, wenn er die beiden Ufer sieht, fragt, welches denn das römische sei«[1].

Ja, sogar die Grenze zwischen der *Francia* und der Germania II scheint demnach durchgängig geworden zu sein:

> »Der Gallier stattet Dank ab, dass er am unbewaffneten Limes, sicher und nichts Feindliches fürchtend, neue Häuser an allen Ufern errichtet und den Fluss, der aufgrund der [dortigen] Völker wild war, nach Art des Tibers mit annehmlichen Häusern schmückt«[2].

Dies Bild dürfte aber doch geschönt sein. Dass die Rheingrenze nach wie vor einen Unsicherheitsfaktor darstellte und die Gallia keineswegs als so geschützt angesehen wurde, zeigt sich schon daran, dass in dieser Zeit der Sitz der gallischen

Präfektur von Trier nach Arles verlegt wurde. Das Kastell Gelduba/Gellep wurde noch einmal erweitert und mit einer neu errichteten polygonalen Ringmauer verstärkt. Die Lücken, die Arbogast dem *exercitus Gallicanus* durch den Abzug von Eliteeinheiten zugefügt hatte, füllte Stilicho mit neu rekrutierten Einheiten auf. Archäologisch hat man bei den Kastellen Gelduba/Gellep und Bonn die Ansiedlung elbgermanischer Söldner mit ihren Familien nachgewiesen. Dennoch: insgesamt blieb es die nächsten Jahre ruhig.

Umso größer waren die Schwierigkeiten Stilichos im Osten. 401 kämpfte er gegen Vandalen und Alanen, die in Pannonien eingefallen waren und sich westlich donauaufwärts bewegten; er konnte sie besiegen. Aber schon drohte neue Gefahr, als die Westgoten unter ihrem König Alarich die Alpen überschritten und in Venetien eindrangen; die kaiserliche Residenz in Mailand wurde belagert. Stilicho gelang zwar eine Entsetzung und anschließend vermochte er die Goten zu besiegen, aber Kaiser Honorius entschloss sich doch, die kaiserliche Residenz in das als sicherer geltende Ravenna zu verlegen.

Als die Hunnen einen neuen Vorstoß Richtung Westen unternahmen, löste dies wie in einer Kettenreaktion neuerliche Einfälle verschiedener barbarischer Gruppen ins Imperium aus. Nicht nur Pannonien und Italien, auch Rätien und selbst die germanischen und gallischen Provinzen wurden in Mitleidenschaft gezogen. Trotz mancher Übertreibungen in den Quellen muss man die Folgen doch als katastrophal einschätzen

> »Man kann geradezu von einem Dammbruch sprechen, durch den 405/406 verschiedene barbarische Wander- und Heeressäulen auf Reichsgebiet hineingespült wurden«[3].

Große Scharen von Alanen, Vandalen und Donausueben brachen aus Pannonien auf und stießen ins Rhein-Maingebiet vor. Allerdings standen sie nicht unter einem einheitlichen starken Oberbefehl; das hätte sie noch gefährlicher gemacht. Einer der Führer der Alanen ging sogar zu den Römern über. Der Hauptteil des Volkes, angeführt von ihrem König Respendial, marschierte nach Norden und erreichte im Dezember 406 das Rheintal in der Höhe von Mainz. Auch die Vandalen unter ihrem König Godegisel schlossen sich ihm an, stießen aber nördlich des Mains auf den Widerstand der Franken, die sich für den Schutz der gallischen Grenze einsetzten und den Eindringlingen eine blutige Schlacht lieferten, in der Godegisel fiel. Angeblich sollen dabei – nach der wohl übertriebenen Nachricht des Renatus Profuturus Frigiredus – 20000 Vandalen mit ihm den Tod gefunden haben. Doch die Alanen unter Respendial wendeten das Blatt und vertrieben die Franken. Jetzt war die Rheinlinie nicht mehr zu halten: Am letzten Tag des Jahres 406 überquerten die Sieger bei Mainz den Rhein (über die noch erhaltene römische Brücke?), wohl im Verbund mit den Vandalen und Sueben; ob sich ihnen auch burgundische und alemannische Gruppen anschlossen, ist umstritten. Die Metropole der Germania I fiel der Plünderung durch die Barbaren anheim. Die Grenztruppen wurden mit Ausnahme einiger Kastellbesatzungen vernichtet oder verjagt. Weiter ging der mörderische Zug über Trier und Metz in die Provinz Belgica II; Reims, Amiens, Arras, Boulogne und Tournai wurden geplündert. Vom kaiserlichen Hof war keine Hilfe zu erwarten; der Streit zwischen Ost- und Westrom um Illyricum band Stilichos Aktivitäten, Gallien blieb schutzlos sich selbst überlassen. In seinem berühmten Brief von 408/09 hat Hieronymus die schwierige Lage dramatisch geschildert:

> »Unzählige, sehr wilde Völker besetzten ganz Gallien. Was zwischen den Alpen und Pyrenäen liegt, was vom Ozean und vom Rhein eingeschlossen wird, das verwüsteten der Quade [Suebe], der Vandale [...], die Provinzen Aquitanien und die Gascogne, die Lugdunensis [Lyon] und die Narbonensis [Narbonne] wurden bis auf wenige Städte sämtlich verwüstet, wobei von außen das Schwert, innen der Hunger wüteten.«[4]

Die Invasoren drangen von Bordeaux aus entlang der Küste nach Norden vor und erreichten die Kanalküste; jetzt fühlten sich sogar die Bewohner Britanniens bedroht. Darauf reagierten die dortigen Truppen mit der Ausrufung von Usurpatoren. Im Frühsommer 407 proklamierten sie gar einen gemeinen Soldaten, der sich selbstbewusst Flavius Claudius Constantinus nannte. Dieser Konstantin (III.) setzte auf den Kontinent über und gewann rasch die Anerkennung der Truppen und auch der gallischen Bevölkerung. Sollte er die Rettung bringen? Es gelang ihm wirklich, die germanischen Eindringlinge zu schlagen (wohl im obergermanischen Raum) und sie ins südliche Gallien abzudrängen. Zur Sicherung der Rheingrenze schloss er Verträge mit den Franken und Alemannen, vielleicht auch mit den Burgundern. In üblicher Weise ließ er sich Kontingente zur Verstärkung seiner Truppen zur Verfügung stellen. Die brauchte er dringend, denn – wie zu erwarten – stellte sich Stilicho gegen den Usurpator und mobilisierte eine Armee gegen ihn. Letztlich konnte sich Konstantin aber durchsetzen und seine Residenz in Arles einrichten. Unter ihm finden wir noch einmal Franken in höchsten militärischen Positionen, so einen Heermeister Neviogastes, dessen Namen an den chamavischen König Nebisgastes erinnert (s. S. 66), und wenig später den Befehlshaber Edobichus. Letzterer folgte dem ermordeten *magister equitum* Allobichus – auch hier eine auffällige Namensverwandtschaft.

Konstantin hoffte, seine Position als Augustus in Gallien zu behaupten und doch noch die Anerkennung durch den in Ravenna residierenden Kaiser Honorius gewinnen zu können. Zwei Umstände kamen ihm dabei zu Hilfe: eine Revolte gegen Stlicho, die im August 408 zu seiner Ermordung führte, und die wachsende Bedrohung Honorius' durch die Goten in Italien. Anfang 409 stellte sich der Erfolg ein, als Honorius ihn mit der symbolträchtigen Übersendung eines Purpurgewandes als Mitregenten in der gallischen Präfektur anerkannte. Eine neue Hoffnung für Gallien?

3.2 Neues Chaos in Gallien und der Retter Aetius

Die Hoffnung trog, weil Konstantin (III.) seine Stellung überschätzte und zu weitreichende Ziele verfolgte. Wirren in Spanien, die sein Sohn Constans nicht in den Griff bekam, und eine gescheiterte Intervention in Italien schwächten das Ansehen des Kaisers. Britannien, aber auch Landschaften im Nordwesten Galliens entglitten der römischen Verwaltung.

> »Das war das erste Anzeichen der wenige Jahrzehnte später eintretenden Zerstückelung der römischen Herrschaft in der gallischen Präfektur«[5].

Noch stand der Kaiserhof in Ravenna zu Konstantin, der aber immer mehr unter Druck geriet. Um die Jahreswende 410/11 rückte sein eigener Heermeister Gerontius aus Spanien gegen ihn vor. Um Verstärkung zu gewinnen, sandte er seinen *magister equitum* Edobichus – bezeichnender Weise ein Franke – an den Rhein, um von dort fränkische und alemannische Hilfstruppen anzuwerben. Er selbst zog sich nach Arles zurück; sein Sohn Constans sollte in Vienne die Stellung halten. Gerontius aber konnte Vienne schnell einnehmen und erschien bald darauf vor Arles. Jetzt entschloss sich auch Honorius, mit Konstantin abzurechnen, und schickte Truppen gegen ihn. »Die kaiserlichen Truppen fanden in Gallien ein Chaos vor«[6]. Vier Monate sollte die Belagerung von Arles sich hinziehen; die meisten Belagerer liefen zu den Kaiserlichen über, Gerontius floh. Zwar nahte Edobichus mit den angeworbenen fränkischen und alemannischen Einheiten, aber er konnte nicht mehr viel ausrichten. Arles kapitulierte, die Truppen des Honorius errangen einen vollständigen Sieg und Konstantin musste seinen Widerstand aufgeben. Man sollte ihn an den Hof in Ravenna bringen; aber schon auf dem Weg dorthin wurde er – angeblich auf persönlichen Befehl des Honorius – hingerichtet.

Zu allem Überfluss war im Hochsommer mit Unterstützung barbarischer Gruppen ein neuer »Sonderkaiser« erhoben worden: Jovinus, ein Mann aus der gallorömischen Senatsaristokratie, wurde – nach dem Zeugnis Olympiodors – auf Betreiben des Burgunderkönigs Guntiarios und des Alanen Goar proklamiert, angeblich »in *Mundiacum* in der Provinz Germania Secunda«[7]. Ob es sich dabei um eine verstümmelte Namensform von *Moguntiacum* (Mainz) handelt, das allerdings nicht in der Germania II liegt, ist in der Forschung umstritten; der Ortsname ist sonst unbekannt. Der von Gregor exzerpierte Renatus Profuturus Frigiredus berichtet nur, dass »unerwartet Botschaft aus dem jenseitigen Gallien kam, Jovinus habe die königlichen [!] Abzeichen angenommen«[8]. Jovinus war weniger erfolgreich als Konstantin. Auch er richtete sein Interesse auf Italien und versuchte den westgotischen König Athaulf, den Nachfolger Alarichs, für seine Pläne zu gewinnen. Dieser erschien denn auch 412 in Gallien. Als aber Jovinus gegen Athaulfs Willen seinen Bruder Sebastianus zum Mitkaiser erhob, kam es zum Streit und Athaulf paktierte mit Honorius.

> (»Er) schickte eine Gesandtschaft zu Honorius und versprach ihm die Köpfe beider Usurpatoren sowie einen Friedensvertrag. Als die Gesandten zurückgekehrt und Eide ausgetauscht waren, wurde das Haupt des Sebastianus an den Kaiser gesandt. Jovinus wurde von Athaulf belagert und kapitulierte.«[9]

413 wurde auch er getötet. Und auch die Anhänger des Jovinus wurden von Honorius' Befehlshabern grausam umgebracht – »in dieser Zeit nichts Ungewöhnliches«, wie von Petrikovits vermerkt[10].

Vielleicht gehört in diesen Zusammenhang eine vereinzelte Nachricht Gregors von Tours, die er aus nicht näher zu überprüfenden Konsullisten zitiert: »Wir lesen ferner *in Consolaribus*, dass der Frankenkönig Theudomer, der Sohn weiland Richimers, und seine Mutter Ascyla mit dem Schwert getötet worden seien«[11]. Nicht nur der Namen wegen hat Ewig die Vermutung geäußert, dass der genannte Richimer mit dem 394 gestorbenen Heermeister Richomer gleichzusetzen ist. Nach Claudians Panegyricus auf Stilicho gab dieser der *Francia* Könige.

»Der Dienst im römischen Heer hat den Wandalen Stilicho und den Franken Richomer also mindestens über ein Jahrfünft zusammengeführt. Die Vermutung, dass der Richimer der Consularfasten [Konsullisten] mit Richomer identisch war und dass Stilicho den Sohn seines einstigen Mitstreiters als Frankenkönig durchsetzte, liegt nahe«[12].

Dann wäre Theudomer mit Konstantin (III.) in Verbindung getreten, als die Franken und Alemannen ihre Hilfstruppen zur Verfügung stellten.

»Special relations bestanden zu den Franken, da jeweils der eine der beiden Heermeister Franke war. Das änderte sich unter Jovinus. Franken und Alemannen traten ins zweite Glied, wurden aber in den Untergang des Usurpators hineingerissen«[13].

Eine ansprechende Hypothese; zumindest wäre Gregors singuläre Nachricht am besten in diesen Zusammenhang einzuordnen.

Über Zustände und Ereignisse in der Germania II und in der Belgica zu dieser Zeit erfahren wir relativ wenig. Der von Gregor von Tours zitierte Renatus Profuturus Frigiredus berichtet unmittelbar im Anschluss an die grausame Ermordung der Anhänger des Jovinus: »Die Stadt Trier wurde von den Franken bei ihrem zweiten Einfall geplündert und in Brand gesteckt«[14]. Wenn die *civitas Treverorum*, die prächtige Metropole der Provinz Belgica I, seit dem Rückzug der kaiserlichen Residenz nach Mailand und der Verlegung der gallischen Präfektur nach Arles auch einiges von ihrem alten Glanz verloren hatte, spielte sie doch noch immer eine gewisse Rolle als Hauptstadt und war ein lohnendes Ziel für den Expansionsdrang germanischer Gruppen, vornehmlich der Franken. In diesem Zusammenhang viel diskutiert wurden die Nachrichten des aus Trier stammenden Zeitgenossen, des Priesters Salvian, dem es in seinem Werk *De gubernatione Dei* vorrangig um Kritik an der Dekadenz der christlichen Römer (mit der Folge von deren politischer Niederlage) ging, der er als Zukunftshoffnung die nun immer bedeutender werdenden Germanen gegenüberstellte; nur von ihnen – jetzt dem

Christentum zugewandt – konnte die Rettung kommen. Salvian bezeugt eindeutig vier Eroberungen von Trier in der ersten Hälfte des 5. Jahrhunderts; dabei folgten die ersten drei ziemlich dicht aufeinander und können mit höchster Wahrscheinlichkeit den Franken zugeschrieben werden. Für die erste Eroberung liegt die Vermutung nahe, dass sie im Zusammenhang mit dem mörderischen Zug 407 erfolgte; dagegen spricht aber, dass Hieronymus in seinem oben zitierten Brief bei seiner Aufzählung der damals heimgesuchten gallischen Städte Mainz, Worms, Reims u. a. aufführt, Trier aber nicht nennt. Am ehesten ist an 410 zu denken, als von fränkischen Einfällen gegen den Usurpator Konstantin (III.) berichtet wird. Für die zweite Eroberung ist – in Kombination mit der o. a. Notiz Gregors – das Jahr 413 gesichert. Bei der dritten Einnahme der Stadt (wohl 419/20) war Salvian Augenzeuge; drastisch schildert er die in Trümmern liegende, von Toten und Verwesten übersäte, von der Pest bedrohte Stadt. Selbst in dieser Situation hätten die Trierer noch Zirkus- und Theaterspiele gefordert. Voller Abscheu schreibt er:

> »Du forderst also öffentliche Spiele, Trierer? Wo, frage ich, sollen sie ausgerichtet werden? Über Brandgräbern und Aschenhaufen, über den Knochen und dem Blut der Getöteten?«[15]

Die vierte Einnahme schließlich – wohl zwischen 428 und 435 – ging auf Franken oder Burgunder zurück. Dass die Stadt danach untergegangen sei, ist zweifellos eine Übertreibung Salvians; schwerste Zerstörungen und hohe Verluste an Menschen sind aber mit Sicherheit anzunehmen.

Dem Chaos in Gallien ein Ende zu machen und den Grenzschutz am Rhein wieder aufzubauen gelang Constantius, der noch unter Konstantin (III.) Heermeister geworden war und dann einen weiteren steilen Aufstieg nahm: 416 zum *patricius* ernannt, 417 mit Galla Placidia, der Schwester des Honorius, verheiratet, erhob ihn Anfang 421 Honorius zum Mitkaiser. Sein früher Tod im September des gleichen Jahres beendete allzu schnell diese glanzvolle Laufbahn. Die Westgoten, die hauptsächlichen Störenfriede in Gallien zu dieser

Zeit, konnte er in der Provinz Aquitania II sesshaft machen. Neuere archäologische Forschungen – insbesondere zum Fortbestehen Alzeys und anderer Kastelle im mittelrheinischen Raum – belegen, dass die Aufgliederung des Militärsprengels der Germania II in den *ducatus Moguntiacensis* (Mainz) und den *tractus Argentoratensis* (Straßburg) Erfolg zeigte und dass »die Provinzverwaltung in den rheinischen Provinzen noch voll in Funktion gewesen ist«[16]. Die sporadische Nachricht von einer neuerlichen Auseinandersetzung mit den Franken bei Gregor von Tours, der hier wiederum seinen Gewährsmann Renatus Profuturus Frigiredus zitiert, ist wohl im Zusammenhang mit der dritten Einnahme Triers (s. o.) zu sehen und dürfte also um 419/20 anzusetzen sein: »Zu derselben Zeit wurde Castinus, der Befehlshaber der Haustruppen, da man einen Krieg gegen die Franken unternommen hatte, nach Gallien geschickt«[17]. Über Erfolg oder Misserfolg dieses Zuges erfahren wir leider nichts. In dieser Zeit erfolgte auch die Ansiedlung der Burgunder im mittelrheinischen Raum (»Burgunderreich von Worms«), die im reorganisierten Verteidigungssystem als Föderaten die Aufgaben der comitatensischen Elitetruppen übernahmen. Insgesamt verdankte Gallien Constantius also eine kurze Friedenszeit. Als aber 423 auch Honorius söhnelos starb, verdüsterten dunkle Wolken den Horizont Galliens.

Wieder einmal bereitete die Nachfolge im Westreich Probleme und führte zu Konflikten am Kaiserhof. Mit aller Macht versuchte Galla Placidia, die sich mit ihrem Bruder Honorius völlig zerstritten hatte und schon vor einiger Zeit ins Ostreich gegangen war, ihren noch im Kindesalter stehenden Sohn Valentinian (III.) als Nachfolger durchzusetzen. Aber in Gallien wurde erneut ein Usurpator, ein hoher Beamter namens Johannes, zum Kaiser ausgerufen. In Trier sind Münzen auf seinen Namen geprägt worden. Lange konnte er sich seiner Herrschaft aber nicht erfreuen. Theodosius II., der Kaiser des Ostens und Neffe Galla Placidias, führte schon 425 seine Tante und den kleinen Valentinian mit Truppen nach Italien zurück, schlug den Usurpator und ließ ihn hinrichten. Noch im

Oktober des gleichen Jahres wurde der 6-jährige Valentinian III. zum Augustus des Westens erhoben.

Man hat vermutet, dass während der Krise die Franken – vielleicht sogar mit Zustimmung des Johannes – einen linksrheinischen Teil Galliens besetzten, den ihnen der Heermeister Aetius 428 wieder abnahm (s. u.). »Anscheinend strebten sie eine Position in der Germania II an, wie die Burgunder sie in der Germania I besaßen«[18].

Die wichtigste Stütze der römischen Herrschaft in Gallien wurde jetzt Aetius. Aus vornehmer Familie stammend, Sohn eines *magister militum*, war er Geisel bei den Westgoten, später bei den Hunnen grewesen. Nach dem Untergang des Usurpators Johannes hatte Galla Placidia ihn zum Heermeister in Gallien ernannt. Aus blutigen Machtkämpfen mit Konkurrenten ging er als Sieger hervor und erreichte 433 die Stellung des ersten Heermeisters, wurde mit dem *patricius*-Titel ausgezeichnet und konnte sogar viermal das Konsulat erlangen. Man darf ihn wohl als den bedeutendsten Feldherrn des weströmischen Reiches in der 1. Hälfte des 5. Jahrhunderts bezeichnen. Zu 428 berichtet der zeitgenössische Chronist Prosper Tiro:

> »Der dem Rhein am nächsten gelegene Teil Galliens, den die Franken sich zum Besitz angeeignet hatten, wurde durch die Waffen des comes Aetius zurückgewonnen.«[19]

Und ähnlich heißt es bei Cassiodor: »Unter diesen Konsuln schlug Aetius viele Franken, die die Gegend in Rheinnähe besetzt hatten, und gewann Gallien zurück«[20]. Dass damit (nieder)rheinische Franken und nicht etwa Salfranken gemeint sind, versteht sich von selbst. Aetius hat also »die römische Autorität und die bedrohte Zivilverwaltung im Kölner und Xantener Raum wiederhergestellt«[21]. Er hat die Franken besiegt, aber nicht vertrieben, sondern ihnen nach ihrer förmlichen Unterwerfung Siedelplätze zugewiesen, wie der Zeitgenosse Hydatius – allerdings erst zu 432 – vermerkt: »Nachdem die Franken von Aetius in einer Schlacht überwunden und in Frieden aufgenommen worden waren [...]«[22].

Dies erfolgte wohl am ehesten in der Form von *dediticii*, deren persönliche Freiheit und innere Autonomie von Rom zugestanden wurde.

Um 435 erfasste Gallien eine schwere innere Krise. Zum einen erfolgte ein neuerlicher Aufstand der sog. Bagauden, deren Name wohl auf ein keltisches Wort für »Kämpfer, Streiter« zurückgeht. Es handelte sich um rebellierende Sklaven und abhängige Bauern, die sich gegen die drückende römische Steuerverwaltung erhoben. 437 konnte ihr Anführer gefangengenommen und der Aufstand niedergeschlagen werden. Hinzu kamen kriegerische Auseinandersetzungen mit den rheinischen Burgundern, die aber vollständig besiegt wurden; das Ende des »Wormser Reiches« war eingeläutet. Wenige Jahre später siedelte Aetius die Überlebenden in der Sapaudia, im Raum des Genfer Sees an. Aetius, den man oft den »letzten Römer« genannt hat, gelang die Konsolidierung der römischen Herrschaft in Gallien; er schenkte dem Land für ein Jahrzehnt Frieden. Rückblickend hat Jordanes seine Leistungen – vor allem in Hinblick auf die Grenzen an Rhein und Donau – gewürdigt: »hatte er die hochmütige Barbarei der Sueven und Franken in maßlosen Schlachten gezwungen, der römischen Herrschaft zu dienen«[23]. Das klingt nach reiner Unterwerfung; aus einem zeitgenössischen Zeugnis, dem Panegyricus des Merobaudes auf das Konsulat des Aetius, wissen wir aber, dass dieser *famulantia foedera*[24] mit den Völkern am Rhein schloss, so auch mit den niederrheinischen Franken. Vertragliche Regelungen also, zu deren Bedingungen auf jeden Fall die Stellung von Truppen gehörte; damit dürften den Franken jetzt Aufgaben der Grenzverteidigung zugefallen sein (bei der späteren Abwehr der Hunnen sollten sie sich darin beweisen können).

»Aber eine Insel der Ruhe war die Germania II nicht«[25]. Nicht nur Trier und Mainz hatten schwer gelitten, auch für Köln lesen wir bei Salvian, dass die Stadt »voller Feinde« war und angesehene Bürger, auch als die Feinde schon in die Stadt eindrangen, sich nicht bei ihren Gelagen und sonstigen Vergnügungen stören ließen[26]. Ewig hat auf einen – leider nicht datierten – Brief Salvians hingewiesen, der schlaglichtartig ein

Bild vom Schicksal einer Kölner Familie der Oberschicht zeichnet. In diesem Empfehlungsschreiben an eine provençalische Klostergemeinschaft setzt sich Salvian für einen Verwandten ein. Dieser junge Mann, »von guter Familie, aus achtbarem Haus«, war »mit den Seinigen in Köln gefangen genommen worden«. Seine verwitwete Mutter war völlig mittellos, so dass »ihr nichts blieb, was ihr entweder ihren Lebensunterhalt oder die Flucht ermöglicht hätte«. So war ihre einzige Chance, ihr Leben zu fristen, als Magd bei den »Frauen der Barbaren« zu dienen[27].

Wir sehen also fränkische Föderaten im Bereich von Köln; eine endgültige Besitznahme der niederrheinischen Metropole durch die Franken gelang aber erst nach der Jahrhundertmitte. Die spärlichen Angaben der Quellen, meist ohne nähere Zeitbestimmung, erlauben es nicht, die Ansiedlung von Franken in der Germania II genauer zu datieren; eine gewisse Wahrscheinlichkeit spricht für die 430er-Jahre. Zumindest in diesem Teil der Gallia kehrte jetzt Ruhe ein; es scheint eine längere Friedensperiode gegeben zu haben.

3.3 Die Salfranken unter König Chlodio

Lange Zeit schwiegen die Quellen über die Salfranken, seit sie von Kaiser Julian um 358 in Toxandrien angesiedelt wurden. Jetzt hören wir wieder von ihnen und ihren Vorstößen in die Belgica II unter ihrem König Chlodio. Die spärlichen und nicht datierten Zeugnisse erschweren allerdings erheblich sichere Aussagen und sind daher bis heute umstritten. Als einziger Zeitgenosse schreibt Sidonius Apollinaris in seinem Panegyricus auf Kaiser Maiorian, dass dieser – damals noch Feldherr unter Aetius – sich gegen Angriffe der Aremoricaner verteidigte und die Stadt Tours schützte und »wenig später zusammen mit Aetius kämpfte, wo der Franke *Chloio* das offene [schutzlose] Land der Atrebaten überrannt hatte« – also ein fränkischer Angriff auf das Artois. Bei einem *vicus Helena* stießen die Römer zufällig auf eine fränkische Hochzeitsgesellschaft; »diese Zechbrüder warf er [Maiorianus] nieder«. Nach heftigen Kämpfen wurden die Feinde in die Flucht geschlagen. Poetisch schildert der Autor den römischen Sieg: »Umgehend erhebt sich Mars grimmiger und die feuriger glühende Kriegsgöttin zerbricht die Hochzeitsfackeln«[28]. Diese Episode wird nicht datiert und ist auch aus keiner anderen Quelle bekannt. Am ehesten wird man sie nach einem für ca. 446 bezeugten Aufstand der Aremoricaner ansetzen dürfen. Rätselhaft bleibt auch die Ortsangabe, der *vicus Helena*. Infrage kämen Élesmes (arr. Avesnes-les-Aubert, dép. Nord), Hélesmes (arr. Valenciennes, dép. Nord), Elnes (arr. Saint-Omer, dép. Pas-de-Calais) und das Flüsschen Elnone, Nebenfluss der Scarpe bei Saint-Amand-les-Eaux (dép. Nord), das ursprünglich auch den Namen Elnone trug. Am meisten spricht für Hélesmes: nicht nur die seit dem 9. Jahrhundert belegten Namensformen *Helemiam, Helemna* u. ä., sondern auch die nicht allzu große Entfernung von Arras (Luftlinie ca. 40 km) und die Nähe zu Cambrai, das Chlodio einnahm (s. u.).

Welche Stellung der Anführer der Franken, Chlo(d)io, innehatte, sagt Sidonius nicht. Erst Gregor von Tours berichtet 150 Jahre später:

>»Man erzählt, damals sei *Chlogio*, ein tüchtiger und sehr vornehmer Mann unter seinem Volk, König der Franken gewesen, der *apud Dispargum castrum* wohnte, das im Gebiet der Thüringer (*in terminum Thoringorum*) liegt«[29].

An der Identität von *Chlogio* mit *Chloio, Chlodio* ist nicht zu zweifeln. Gregors Zeitangabe »damals (*tunc*)« schließt an seine vorausgehende Nachricht von der Ermordung des Königs Theudomer und seiner Mutter Ascyla an, die wohl zu 414/15 anzusetzen ist (s. S. 73). Das wäre sehr früh für Chlodio, oder man müsste eine lange Regierungszeit für ihn annehmen; sein Tod kann kaum vor 450 erfolgt sein. Dagegen spricht auch die – allerdings späte – Angabe des *Liber historiae Francorum*, dass Chlodio 20 Jahre regiert hat[30]. Insgesamt aber fasst der betreffende Abschnitt Gregors zeitlich weit auseinanderliegende Ereignisse zusammen (leider ohne seine Quellen wörtlich zu zitieren), von der sagenhaften Herkunft aus Pannonien bis zu König Childerich, und bietet von daher keine zuverlässigen chronologischen Informationen.

Viel Kopfzerbrechen bereitet der Forschung bis heute die Ortsangabe *Dispargum castrum* (mit den handschriftlichen Varianten *Disbargum* und *Disparsum*). Sowohl das deutsche Duisburg wie das belgische Duisburg bei Löwen (Provinz Brabant) kommen in Frage. Man hat auch Asberg (Stadt Moers, linksrheinisch gegenüber Duisburg) erwogen, wohl aufgrund der Fredegarchronik, die hier Gregor sehr frei ausschreibt und Chlodios Residenz *apud Esbargium* lokalisiert (mit den handschriftlichen Varianten *Hesbergim, Hesbergem, Asobargim, Hesbargim*)[31]. Der Ort ist aber sonst nur als *Asciburgium, Astburg, Asberg* u. ä. belegt und scheidet m. E. für *Dispargum* definitiv aus. Asberg wurde nach Tacitus von Odysseus begründet[32]; sollte der gebildete Chronist, der wenige Kapitel vorher über die trojanische Herkunftssage der Frankenkönige schreibt, dadurch auf Asberg verfallen sein? Es bleiben also die beiden Duisburg. Nach Gregor liegt *Dispargum* im Gebiet der Thüringer. Gab es aber Thüringer in linksrheinischen Landen? Dass es sich nur um eine Lage links des Rheins handeln kann, geht aus dem Textzusammenhang bei Gregor hervor. Auch wenn er – wie eben betont – in c. II,9 chronologisch wenig präzise bleibt, so sind seine geographischen Angaben logisch, so zur sagenhaften Wanderung der Franken von Ost nach West:

> »Viele erzählen aber, die Franken seien aus Pannonien gekommen und hätten sich zuerst an den Ufern des Rheins niedergelassen, dann seien sie über den Rhein gegangen und nach *Thoringia* gezogen«.

Nach der Lageangabe für *Dispargum* »im Gebiet der Thüringer« folgt der Satz: »In diesen Gegenden aber, d. h. im südlichen Landstrich, wohnten die Römer bis zur Loire«: also eindeutig linksrheinisches Gebiet.[33] Der *Liber historiae Francorum* ergänzt denn auch: »In jener Zeit wohnten in diesen Gegenden diesseits des Rheins bis zur Loire Römer«[34]. Um die linksrheinischen »Thüringer« erklären zu können, hat die Forschung schon seit Bruno Krusch erwogen, bei Gregor eine Entstellung des Namens der *Tungri* anzunehmen: *Tungrorum* → *Thoringorum*. Schon eine Reihe mittelalterlicher Gregor-Handschriften weisen diese Schreibung auf. Die *civitas Tungrorum* mit dem Vorort Tongeren nw. von Lüttich (belg. Provinz Limburg) reichte nach Westen über Duisburg hinaus – von hier also kein Widerspruch.

Lassen sich die weiteren, leider kargen Quellenangaben über Chlodios Expansion damit in Einklang bringen? Gregor berichtet:

> »Chlogio aber schickte Kundschafter aus nach der Stadt Cambrai, und als sie alles erforscht, folgte er ihnen nach, überwand die Römer und nahm die Stadt ein; hier hielt er sich kurze Zeit auf und eroberte dann das Land bis zur Somme«[35].

Der *Liber historiae Francorum* ergänzt seine Vorlage:

> »König Chlodio sandte von seiner toringischen Feste *Dispargum* Kundschafter bis zur Stadt Cambrai. [...] Er zog durch den Kohlenwald und besetzte die Stadt Tournai. Von dort stieß er zur Stadt Cambrai vor, wo er während eines kurzen Aufenthalts alle Römer töten ließ, deren er dort habhaft wurde. Dann eroberte er das ganze Gebiet bis zur Somme.«[36]

Der in obigem Zitat ausgesparte Satz soll nicht verschwiegen werden, obwohl er schwierig zu interpretieren ist: »Er selbst überquerte später mit einem großen Heer den Rhein, tötete viel Volk der Römer und trieb sie in die Flucht«. Ein Zug Chlodios über den Rhein – sozusagen zwischendurch – ist mehr als unwahrscheinlich, zumal er jenseits des Stroms nicht auf »viel Volk der Römer« hätte treffen können. Vielleicht ist ihm bei der Benutzung des Gregor-Textes doch einiges durcheinandergeraten und er hat die bei Gregor vorausgehende Nachricht von der Rheinüberquerung hier noch nachgeschoben. Insgesamt aber lässt sich aus der Kombination der Nachrichten die fränkische Marschrichtung in diesen Jahren einigermaßen rekonstruieren: Von ihrem Siedelgebiet in Toxandrien zogen sie in das südlich gelegene Duisburg, das am Nordostrand der *silva Carbonaria* (Kohlenwald) lag, jenes

Waldgebiets, das sich etwa vom Cambrésis nordöstlich bis in den Raum Brüssel-Löwen erstreckte und in spätrömischer Zeit die Provinzgrenze zwischen der *Germania II* und der *Belgica II* bildete. Duisburg lag an einer römischen Nebenstraße, die mit der großen von der Betuwe nach Bavai führenden Fernstraße verbunden war. Nach Durchquerung des Kohlenwalds besetzte Chlodio Tournai und wandte sich dann gegen Cambrai; auf diesem Weg ist der Zwischenfall beim *vicus Helena* (Hélesmes) mit Aetius anzusetzen. Von Cambrai aus erfolgte dann die Eroberung des »ganzen Gebiets bis zur Somme«, wohl in Richtung Amiens. Die Station Tournai wird zwar nur vom *Liber historiae Francorum* erwähnt, ist aber durchaus glaubwürdig; seit dem 4. Jahrhundert Vorort einer *civitas*, war es zu einem wichtigen politischen und militärischen Zentrum ausgebaut worden. Hier sollte ja später Chlodwigs Vater Childerich seine prächtige Bestattung finden; aber es spricht nichts dagegen, dass auch seine Vorfahren hier schon Fuß fassten.

Ansonsten erfahren wir kaum etwas über Chlodio, sein Todesdatum bleibt unbekannt. Gregor von Tours vermerkt nur noch: »Aus seinem Stamm (*stirps*), behaupten einige, sei der König Merowech entsprossen, dessen Sohn Childerich war«[37]. Über diesen Merowech weiß Gregor sonst nichts mehr zu berichten. Der *Liber historiae Francorum* macht ihn zum Nachfolger Chlodios: »Merowechus aus seinem [Chlodios] Geschlecht übernahm sein Reich«, und zum Namengeber der merowingischen Dynastie: »Von diesem tüchtigen König Merowech haben die Könige der Franken den Namen Merowinger erhalten«[38]. Während Gregor und der *Liber* also nur eine Verwandtschaft der beiden behaupten, geht die Fredegarchronik einen Schritt weiter und macht Merowech zu Chlodios Sohn. Seine berühmt gewordene, sagenhafte Geschichte von Merowechs Zeugung begründete den merowingischen Königsmythos:

> »Man erzählt, Chlodio habe sich einmal im Sommer mit seiner Gattin am Meeresstrand aufgehalten; als seine Gattin mittags zum Baden ins Meer hinauswatete, habe sie ein Meerungeheuer mit Stierkopf (*bistea Neptuni Quinotauri [= Minotauri] similis*) angefallen.

Als sie daraufhin von dem Untier oder von ihrem Mann empfing, gebar sie einen Sohn mit dem Namen *Meroveus*, nach dem später die Könige der Franken *Merohingii* genannt wurden«[39].

Der Stierkult wird uns noch im Grab Childerichs und auch sonst begegnen; die etymologische Anbindung der Merowinger an das Meerungeheuer liegt auf der Hand.

Aus einer ganzen Reihe merowingischer Königslisten, die meist aus späterer Zeit stammen, ist eine in unserem Zusammenhang von Interesse. Sie findet sich in einem St. Galler Codex aus dem 9./10. Jahrhundert und führt die *reges Francorum* vom *primus rex Francorum Chloio* bis zu Dagobert auf. Chloio soll einen Sohn *Glodobode/Ghlodobedus* gezeugt haben, dessen Sohn *Mereveo* war, also ein Enkel Chlodios. Auch zwischen Merowech und Childerich werden zwei weitere Könige, *Hilbricco/Hildebricus* und *Genniodus*, eingeschoben[40]. Nach Ewig wäre *Glodobode* in *Chlodobaudes* zu emendieren, was an die »*baudes*«-Namen des 4. Jahrhunderts erinnert; *Genniodus* könnte ein *Genobaudes* sein.

> »Die Generationenfolge ist indiskutabel, aber die Stammeskönige des 4. Jahrhunderts irrlichtern doch in dieser Genealogie. Weitere Spuren haben sie nicht hinterlassen«[41].

Die Persönlichkeit Chlodios zumindest ist historisch gesichert; auch an der Existenz Merowechs ist nicht zu zweifeln, der aber nicht eindeutig Chlodios Sohn war, sondern ein wohl verwandter Zeitgenosse.

3.4 Neue Gefahr aus dem Osten: die Hunnen

In der mittleren Gallia hielt der Frieden bis zur Mitte des Jahrhunderts, als erneut die Hunnen das Imperium bedrohten. Unter ihrem König Attila brach ein Großaufgebot aus dem mittleren Donauraum gen Westen auf. Vermutlich nahm man denselben Weg wie 406 die Vandalen mit ihren Verbündeten. Attila befehligte nicht nur hunnische Kräfte, sondern auch Aufgebote einer ganzen Reihe von ihm abhängiger Völker. Genannt werden Ostgoten, Gepiden, Rugier, Skiren, Heruler,

Quaden, Sueben, Sarmaten, Alanen, Thüringer sowie – zumindest Teilgruppen der – Burgunder und Franken. Sidonius Apollinaris nennt zusätzlich Gelonen, Bellonoten, Neurer, Bastarnen, »längst untergegangene bzw. mythische Völker, die ihre Erwähnung der Belesenheit des spätrömischen Dichters und späteren Bischofs verdanken«[42]. Die Verteidigung gegen diesen gefährlichen Gegner lag in den Händen des Reichsfeldherrn Aetius, der ebenfalls Waffenhilfe vertraglich gebundener Völker erhielt. Gregor von Tours bemerkt knapp: »Aetius aber kämpfte mit den Goten und Franken vereint gegen Attila«[43]. Genaueres erfahren wir bei Jordanes, der die Westgoten unter Führung ihres Königs Theoderid und seiner Söhne Thorismund und Theoderich als wichtigste Unterstützung nennt; ferner Franken, Sarmaten, Burgunder und Sachsen sowie einige provinzialrömische Bevölkerungsgruppen[44]. Unter letzteren finden sich auch *Ripari*, in denen die frühere Forschung rheinfränkische Ripuarier sehen wollte (deren Name aber erst im 8. Jahrhundert begegnet). Heute dürfte feststehen, dass es sich dabei um römische Einheiten handelt, die in der *Gallia riparensis*, einem Militärbezirk im Rhônegebiet, stationiert waren, der in der *Notitia dignitatum* bezeugt ist[45]. Dass aber rheinische Franken Aetius unterstützten, geht aus der Fortsetzung der Chronik Prosper Tiros hervor, der ausdrücklich *Franci* aufführt, »die damals Gebiete in Rheinnähe innehatten (*qui tunc vicina Rheno obtinebant*)«[46].

Auf jeden Fall ist klar, dass Franken mit auf der Seite des Aetius kämpften. Der zeitgenössische Chronist Priskos, der als Teilnehmer einer oströmischen Gesandtschaft an Attila sicher bestens orientiert war, schreibt:

> »Aber es schien ihm [Attila] am besten, zuerst den größeren Krieg zu führen [statt des Feldzugs gegen Ostrom] und sich gegen Westen zu wenden, weil er dort nicht nur gegen die Einwohner Italiens, sondern auch gegen die Goten und Franken kämpfen würde«[47].

Wie aber steht es mit Franken auf Seiten Attilas? In der etwas abenteuerlichen Völkertafel des Sidonius (s. oben) heißt es: »Brukterer und Franke bricht hervor, den die schilfreiche Welle des Neckar umspült«[48]. Ob die Brukterer, die seit Claudian (um 400) nicht mehr in den Quellen auftauchten, nur eine gelehrte Reminiszenz Sidonius' sind, sei dahingestellt; auf jeden Fall kann er nur rechtsrheinische Franken gemeint haben.

Dass die Franken in der Frage der Hunnenabwehr allerdings uneinig waren, geht aus Priskos hervor, der einen Nachfolgestreit im (rhein)fränkischen Königshaus geradezu zum Kriegsanlass Attilas erklärt:

»Attilas Vorwand für den Krieg gegen die Franken war der Tod ihres Königs und der Streit zwischen dessen beiden Söhnen um die Nachfolge in der Herrschaft; der ältere entschloss sich, Attila als Bundesgenossen heranzuführen, der jüngere aber den Aetius. Den jüngeren sah ich (!) in Rom, als er dort als Gesandter fungierte und der erste Bart ihm noch nicht gewachsen war; sein blondes Haar wallte ihm lang um die Schultern [das später oft bezeugte Zeichen der Zugehörigkeit zur Königsfamilie]. Aetius hatte ihn als Sohn adoptiert und ihm zusammen mit dem Kaiser sehr viele Geschenke gegeben und ihn als Freund und Bundesgenossen entlassen«[49].

Der ältere Bruder ist vielleicht in Zusammenhang zu bringen mit den Franken bzw. Brukterern, die Sidonius auf Seiten Attilas sieht.

Das gewaltige Heer Attilas setzte wahrscheinlich nicht wie die Vandalen 406 bei Mainz über den Rhein, sondern überquerte den Strom bei Neuwied; gegenüber führte eine römische Straße nach Trier und Metz, der bezeugten Zielrichtung der Hunnen. Trier allerdings wird in keiner Quelle als von Attila geschädigt erwähnt; man zog sogleich bis Metz, das nach Gregors Bericht gerade vor dem höchsten Christenfest 451 in die Hand der Feinde fiel:

»Die Hunnen zogen also von Pannonien aus und kamen, wie einige erzählen, gerade am Vorabend vor dem heiligen Osterfest, alles verwüstend nach der Stadt Metz; sie warfen Feuer in die Stadt, töteten das Volk mit der Spitze des Schwertes und mordeten selbst die Priester des Herrn vor den geweihten Altären«[50].

– für Gregor gleich ein Anlass, eine Wundergeschichte von der Rettung eines einzigen Hauses, des *oratorium* des heiligen

Stephanus, zu erzählen. Die nächste Station war Orléans, auf dessen Umland Aetius Alanen angesiedelt hatte, auf deren Unterstützung unter ihrem König Sangiban er hoffte. Sangiban aber »versprach, ganz erschrocken, aus Furcht vor der Zukunft, sich Attila zu ergeben und die Stadt Orléans in Gallien, wo er sich damals aufhielt, in dessen Recht zu überführen«. Nach Jordanes' Bericht aber gelang es Aetius und seinen gotischen Verbündeten, die Stadt vor Attila zu schützen;

> »sie versperrten die Stadt durch große Erdwälle, bewachten den verdächtigen Sangiban und stellten ihn mit seinem Volk im Zentrum zwischen ihren eigenen Hilfstruppen auf. Durch diese Entwicklung bestürzt, misstraute der Hunnenkönig Attila seinen eigenen Truppen und fürchtete sich, einen Kampf einzugehen«[51].

Bei Gregor von Tours wird dies wieder zu einer legendenhaften Geschichte stilisiert, nach der der Bischof der Stadt, »Anianus, ein Mann von ausnehmender Klugheit und ruhmwürdiger Heiligkeit«, die Bevölkerung der Stadt mahnte, »niederzusinken zum Gebet und unter Tränen die Hilfe des Herrn anzurufen, die bereit ist in allen Nöten«. Und die Hilfe erschien in Gestalt von Aetius und dem Gotenkönig. »Und als so die Stadt durch die Verwendung des heiligen Bischofs befreit war, schlugen jene Attila in die Flucht«[52]. Die späte Nachricht, dass der Frankenkönig Merowech beim Ansturm der Hunnen auf Orléans in die Flucht geschlagen worden sei, ist historisch wertlos[53].

Die Entscheidungsschlacht fand erst im Juni weitab in der Champagne statt, wohin das hunnische Heer sich zurückgezogen hatte. Man hat vermutet, dass die dortigen weiten Ebenen der Hauptwaffe der Hunnen, ihrer oft gerühmten Reiterei, bessere Entfaltungsmöglichkeiten boten als die Belagerung großer Städte. Als Schlachtort werden in den Quellen die Katalaunischen Felder (*campi Catalaunici*), zuweilen auch eine Ortschaft *Mauriaca* genannt; Jordanes kombiniert die Angaben an einer Stelle: »auf den Katalaunischen Feldern, die auch die Mauriacischen genannt werden«[54]. Hat man früher meist an die Nähe von Châlons-sur-Marne (*civitas Catalaunensis*) gedacht, so gilt heute die Nähe von Troyes als wahrscheinlicher, zumal der Fortsetzer Prosper Tiros die recht genaue Angabe bietet: »fünf Meilen [d. h. gallische Meilen = ca. 11 km] von Troyes (*Trecas*), in einem *Maurica* genannten Ort in der Champagne (*Campania*)«[55]. Zwischen Châlons und Troyes liegen ca. 80 km Luftlinie. Da aber die Chamapagne das Siedlungsgebiet der keltischen *Catalauni* war (mit dem Vorort Châlons), war ein übergeordneter Begriff »Katalaunische Felder« auch für den Raum um Troyes nicht unkorrekt.

Nach Jordanes, dem bei weitem ausführlichsten Berichterstatter, gab es schon in der Nacht vor der großen Schlacht eine Konfrontation zwischen Franken und Gepiden, die »sich in gegenseitigem Blutbad niedermachten«; allein dabei sollen 15 000 Gepiden und Franken gefallen sein[56]. Der nächste Tag brachte dann den Entscheidungskampf, der sich bis in die Nacht hinzog: »eine schreckliche, vielfältige, unmäßige, zähe Schlacht; von einer ihr ähnlichen hat keine alte Überlieferung, in der derartige Taten berichtet werden, je erzählt«, schreibt Jordanes voller Stolz auf seine Goten, deren König Theoderid in der Schlacht fiel[57]. Entscheidend geschlagen wurden die Hunnen zwar nicht, aber sie zogen sich zurück. Ein Zeitgenosse, Prosper Tiro, berichtet das noch realistisch:

> »Obwohl in diesem Treffen beide Seiten wichen und es unberechenbare Verluste der Gefallenen gab, steht es doch fest, dass die Hunnen deshalb die Besiegten waren, weil sie die Zuversicht zu kämpfen verloren und die Überlebenden in ihre Heimat zurückkehrten«[58].

Bald aber wurde daraus ein fast unvorstellbarer Sieg; die überlieferten Zahlen der Gefallenen stiegen ins Utopische – zwischen 180 000 und 300 000 Mann. »Aus der Pattsituation auf dem Schlachtfeld wurde in der Wahrnehmung der Kombattanten wie der Zeitgenossen überhaupt ein Sieg über den bisher für unbesiegbar gehaltenen Feind«[59].

Der Sohn des im Kampf gefallenen Westgotenkönigs Theoderid, Thorismund, war noch auf dem Schlachtfeld zum

Nachfolger erhoben worden; ob aber seine zwei Brüder, die in Toulouse zurückgeblieben waren, seine Herrschaftsübernahme anerkennen würden, war offen. Nach Jordanes soll Aetius ihm daher den Rat gegeben haben, schleunigst in die Heimat zurückzukehren. Der wahre Grund sei aber gewesen, dass Aetius »fürchtete, dass nach der vollkommenen Ausschaltung der Hunnen das Römische Reich von den Goten bedrängt werden könne«[60]. Auch Gregor von Tours berichtet das und fügt hinzu: »Durch eine ähnliche List entfernte Aetius auch den Frankenkönig«[61]. Ähnlich spricht der Fortsetzer Prosper Tiros von »einer listigen Finte (*astu*)« des Aetius, der »die Franken ermahnte, in ihre Heimat zurückzukehren, damit nicht Attila ihre von starken Männern entblößten Wohnsitze besetzen würde«[62]. Mit wem Aetius sprach, wer der *rex Francorum* in Gregors Bericht war, bleibt unklar; am ehesten ist Merowech zu vermuten. Zumindest der *Liber historiae Francorum* spricht dafür, der den Hunnenzug in dessen Regierungszeit datiert[63].

Wenn auch der endgültige Untergang des hunnischen Großreichs nach dem Tod Attilas 453 noch bevorstand, darf man die Schlacht auf den Katalaunischen Feldern im Rückblick sicher als einen Wendepunkt ansehen; der Anfang vom Ende des gefährlichen Feindes aus dem Osten zeichnete sich ab. Aetius aber stand im Zenit seiner Macht. Kaiser Valentinian III. willigte ein, dass seine jüngere Tochter Placidia mit Aetius' Sohn Gaudentius verlobt wurde; 454 erlangte Aetius – eine außergewöhnliche Ehre – zum vierten Mal das Konsulat. Doch am Hof in Ravenna gab es zunehmend Neider, die auch den Kaiser gegen ihn aufbrachten; bei einer Audienz im September 454 ermordete Valentinian ihn mit eigenen Händen. Doch das Opfer fand seine Rächer; schon im März 455 brachten seine Anhänger den Kaiser um. Die letzte Dynastie im Westen war erloschen, der Zerfall des weströmischen Imperiums war nicht mehr aufzuhalten – neue Chancen für die Franken?

3.5 Neue Einfälle: die Franken am Rhein

Die Ruhe am Rhein hatte bis jetzt gehalten; der Tod des Kaisers aber und der fehlende große Feldherr Aetius ermutigten die rechtsrheinischen Franken, nun in breiter Front den Rhein zu überqueren. Zeitgenössisches Schlüsselzeugnis ist die knappe Angabe bei Sidonius Apollinaris: »*Francus Germanum primum Belgamque secundum sternebat*«[64]. Überwiegend hat die Forschung das verstanden im Sinne von »Der Franke unterwarf die Germania I und die Belgica II«. Danach wären rheinische Franken nach Mainz und in die obergermanische Provinz, die Salfranken von der Somme aus in die Belgica II vorgestoßen. Hans Hubert Anton fasst dagegen *primum* und *secundum* nicht als Provinzzahlen auf, sondern vermutet prädikativen Gebrauch: also zunächst Vorstoß in die Germania (I), darauf dann in die Belgica (I). Zusätzlich weist er darauf hin, dass Sidonius an dieser Stelle »nur einen *Francus* als Handlungsträger kennt«[65], während er an anderer Stelle einmal *Francus* und *Salius* unterscheidet[66]. Der Salfranke Chlodio aber wird wieder als *Francus* bezeichnet![67] Bei insgesamt nur vier *Francus*-Nennungen im Werk des Sidonius und seinen – wie wir sahen – teils etwas abenteuerlichen Völkerlisten darf man m.E. die Nomenklatur des Dichters nicht auf die Goldwaage legen.

Unstrittig ist, dass die fränkische Expansion in diesen unruhigen Jahren zunächst vom Rechtsrheinischen ausging und die nördliche Germania I erfasste, also vom Vinxtbach nördlich von Brohl bis etwa Oppenheim. Auch die *Belgica I* war wohl betroffen; und auch Trier scheint erneut eingenommen worden zu sein, wenn auch die Quellenlage dazu ziemlich verwirrend ist (was zu entsprechend unterschiedlichen Deutungen in der Literatur geführt hat). Die Fredegarchronik, die ja in diesen Partien weitgehend Gregor von Tours ausschreibt, übernimmt einen bei diesem auf viel frühere Zeit sich beziehenden Satz, dass »die *civitas* Trier von den Franken erobert und in Brand gesteckt wurde«; zur Erklärung erzählt sie eine ziemlich abenteuerliche Geschichte, wonach ein Senator namens Lucius, dessen Frau – »schöner als alle anderen« – von Kaiser Avitus vergewaltigt

Neue Einfälle: die Franken am Rhein

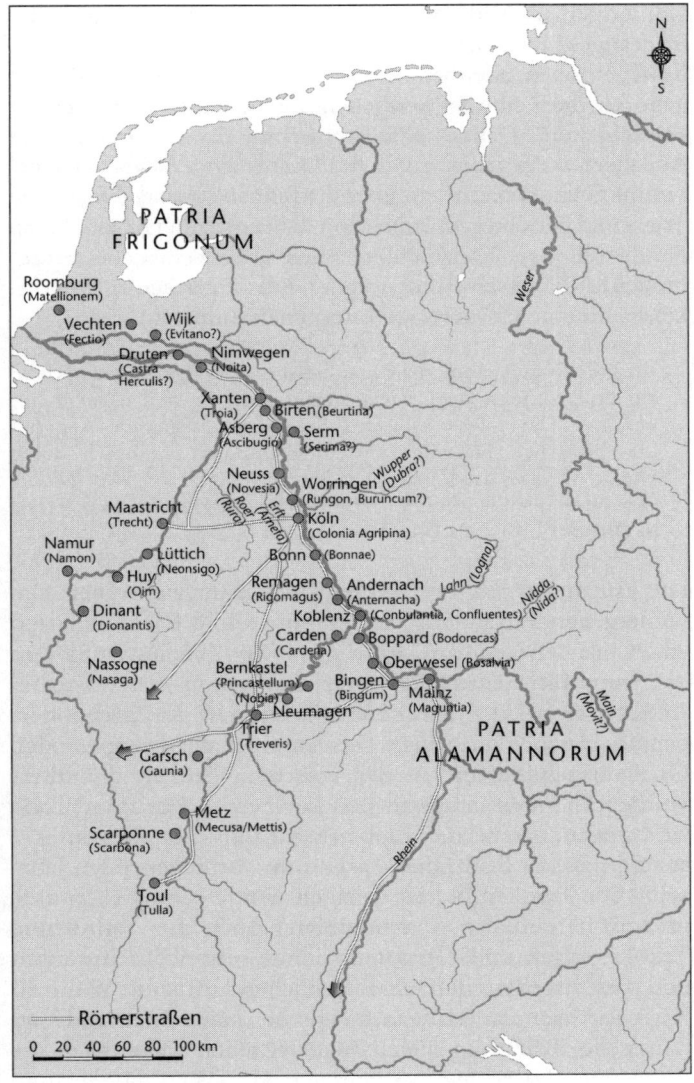

Karte 4: *Francia Rinensis* des Kosmographen von Ravenna.

worden sei, aus Verbitterung die Franken zur Plünderung der Stadt angestiftet habe[68]. Der genannte Avitus war im Juli 455 zum Kaiser erhoben, aber bereits im Herbst 456 gestürzt worden; er gehört in die Reihe der westlichen »Eintagskaiser«, die sich rasch abwechselten. Damit wäre immerhin ein chronologischer Anhaltspunkt gegeben. Auch der *Liber historiae Francorum* übernimmt Gregors Nachricht über die Einnahme und Zerstörung Triers und berichtet zusätzlich von der Eroberung Kölns, wobei der betreffende Textabschnitt offenbar verschiedene vorgefundene Notizen zusammenfügt und nicht geringe Schwierigkeiten für eine sachgerechte Interpretation bietet:

> »In jenen Tagen nahmen die Franken die *civitas Agrippina* am Rhein ein und nannten sie *Colonia*, gewissermaßen weil *coloni* in ihr wohnten. Dort töteten sie viele Römer von der Partei des Aegidius [des gallischen Heermeisters]; dieser Aegidius entwich durch Flucht. Und so kamen sie auch zur *civitas* Trier am Fluss Mosel, verwüsteten jene Gegenden, nahmen die Stadt ein und setzten sie in Brand«[69].

Die Zeitangabe »in jenen Tagen« hilft nicht viel weiter: Das vorhergehende Kapitel 7 handelt von König Childerich und endet mit der Geburt Chlodwigs (466); Aegidius wurde um 459 zum Heermeister ernannt, aber schon 461/62 seines Amtes entsetzt. Der dem Zitat folgende Satz des *Liber* notiert den Tod des Aegidius (464). Versucht man, die divergierenden Quellenzeugnisse, die in der Forschung lebhaft diskutiert wurden, in einen einigermaßen kohärenten Zusammenhang zu bringen, so ist die Eroberung Kölns am ehesten 459 anzusetzen; die Stadt, die ja schon im vorhergehenden Jahrzehnt von Franken besetzt gehalten wurde (s. S. 78 f.), wurde jetzt wohl definitiv eingenommen. Auch die Verheerung Triers – schon von Gregor erwähnt – ist wohl historisch und passt am ehesten in diesen zeitlichen Horizont. Während Köln aber nun dauerhaft in fränkischer Hand blieb und bald fränkische Könige in seinen Mauern sehen sollte, blieb die Einnahme Triers nur vorübergehend. »Wie die gesamte Belgica I ist es, in wie loser und lockerer Form auch immer, unter den Heermeistern Aetius und Aegidius noch römisch gewesen«[70].

Mit den Sidonius-Belegen für Salier und Brukterer verschwinden die Namen einzelner Franken-Gruppen in den Quellen; es tauchen nur noch *Franci* auf, was aber nicht bedeutet, dass es jetzt schon eine einheitliche Reichsbildung gab. Um die Mitte des Jahrhunderts kann man mehrere Gruppen von Franken unterscheiden. Von Norden her waren die Salfranken in die Belgica I eingedrungen; mit ihrem – wenn auch nur karg bezeugten – König Chlodio scheint das Königtum bei ihnen fest etabliert zu sein. Eine Frankengruppe rechts des Mittelrheins scheint damals ein regionales Königreich gebildet zu haben; dem dürften die Königssöhne angehört haben, die um die Nachfolge stritten und deren einer sich Aetius anschloss, während der andere an Attila Rückhalt suchte. Ob man die Brukterer noch von dieser Gruppe gesondert sehen muss, wie es Anton vorschlägt[71], ist m.E. nicht zu entscheiden. Schließlich die linksrheinischen Franken mit ihrem Schwerpunkt Köln. Dass es innerhalb der gesamten linksrheinischen *Francia* einen Sonderbereich der »rheinischen Franken« gab, deutet sich bei Apollinaris Sidonius an, der um 475 in einem Brief von *terrae Belgicae sive Rhenanae* spricht[72]. Eine *Francia Rinensis* begegnet beim sog. Geographen von Ravenna, einem Anonymus, der frühestens im 8., vielleicht erst im 9. Jahrhundert eine *Cosmographia* (Erdbeschreibung) zusammengestellt hat, wobei er sich auf eine Reihe älterer Quellen beruft, die z.T. schwer oder gar nicht zu identifizieren sind. Dass ihm Aussagen für die Zustände des späten 5. Jahrhunderts zu entnehmen sind, galt lange als sicher. M. Springer hat dann mit seiner ausführlichen Fundamentalkritik dem Text jegliche Glaubwürdigkeit für die Verhältnisse dieser frühen Zeit abgesprochen (er lässt ihn allenfalls für das 9. Jahrhundert gelten)[73]. Der Geograph spricht sowohl von der *Francia Rinensis* als Land als auch von *Franci Rinenses* als Bewohnern ihrer *patria*[74]. Springer vermutet in dieser Wortverbindung schlicht eine Textverderbnis. Dagegen hat Ewig auf eine Parallele aus konstantinischer Zeit hingewiesen: die »Neckarsueben« mit ihrem Vorort Ladenburg, die *civitas Ulpia Sueborum Nicrensium* bzw. verkürzt als *civitas Nictrensium*[75]. Und wenn man nicht nur den Abschnitt des Geographen über die »Rheinfranken« betrachtet, sondern auch seine Beschreibungen der *Alemannia*, *Thuringia* und *Burgundia* heranzieht, so gewinnt er an Glaubwürdigkeit für die Zeit des späten 5. Jahrhunderts.

Für ihn gehören zur *Francia Rinensis* die Städte am Rhein (d. h. *civitates* und Kastelle) von Mainz bis zum Rheindelta. Zusätzlich nennt er an der Mosel Koblenz, Trier, Metz und Toul und an der Maas Dinant, Namur, Huy, Lüttich und Maastricht. Danach hätte die rheinische *Francia* nicht nur die Germania II, sondern auch fast die ganze *Belgica I* und den nördlichen Teil der Germania I (zwischen Mainz und dem Vinxtbach) umfasst.

Für die verfassungsmäßigen Zustände bei den »Rheinfranken« ist noch einmal die schon zitierte Stelle beim Fortsetzer Prosper Tiros heranzuziehen. Unmittelbar nach seiner Nachricht, dass Aetius gegen die Hunnen »auch Franken zur Hilfe rief, die damals Gebiete in Rheinnähe innehatten«, schließt er den Satz an: »Denn damals hatte das Volk der Franken keine Könige, sondern sie waren mit *duces* zufrieden«[76]. Die Aussage erinnert an das Zitat aus Sulpicius Alexander bei Grgeor von Tours (s. S. 63) und spricht nur allgemein von der *gens Francorum*; aber der Zusammenhang mit der Abwehr der Hunnen lässt doch eher an rheinische Franken denken. Dass es bei diesen aber schon (Klein)Könige gab, legt Priskos' Erzählung vom Nachfolgestreit im (rhein)fränkischen Königshaus nahe (s. S. 86). Ewigs Vorschlag zur Auflösung des Widerspruchs überzeugt: Er sieht in den rheinischen Franken

> »noch eine Konföderation alter Art von reges, die der Havniensis [der Fortsetzer Prospers] als duces einstufte, weil sie mit den reges seiner Zeit, den ›Großkönigen‹ der Westgoten und Burgunden, nicht vergleichbar waren«[77].

4 Der Aufstieg des salfränkischen Königtums

4.1 Schwache Kaiser, starke Heermeister und ein gallorömischer »König der Franken«

Gallien, der Westen überhaupt, entglitt dem Imperium immer mehr; auch wenn noch Kaiser kreiert wurden, waren die eigentlichen Machthaber die Heermeister. Der im Mai 455 erhobene Augustus Petronius Maximus wurde nach nur zweieinhalb Monaten ermordet; die Vandalen plünderten 14 Tage lang Rom: »Nach den Ereignissen von 378 [Niederlage bei Adrianopel] und 410 [Eroberung Roms durch Alarich] war dies das dritte Signal des nahen Endes«[1]. Erst im Juli 455 wurde mit Avitus ein Mann aus dem gallorömischen Senatorenadel zum neuen Kaiser ausgerufen. In der zentralen Aufgabe, der Abwehr der Vandalen, zeichnete sich aber weniger der Kaiser, sondern vielmehr der zukünftige starke Mann aus: Rikimer, Sohn eines Suebenfürsten und der Tochter des westgotischen Königs Vallia, verschwägert mit dem burgundischen König Gundowech, möglicherweise ein Nachkomme des fränkischen Heermeisters Richomer – also »mit fast allen Germanenstämmen auf weströmischem Boden verwandt oder verschwägert«[2]. Avitus berief ihn 456 zum *magister militum praesentalis*. Der von Ostrom nicht anerkannte Kaiser geriet in Schwierigkeiten, was Rikimer sogleich ausnutzte und ihn – gemeinsam mit dem *comes domesticorum* Maiorian – in einer Schlacht bei *Placentia* (Piacenza) im Oktober 456 besiegte und zur Abdankung zwang. Nur seine Weihe zum Bischof der Stadt rettete Avitus wohl das Leben. Anfang des nächsten Jahres wurde Rikimer in den Rang eines *patricius* erhoben. Ganz offiziell also sollte der Westen – zum ersten Mal – nicht vom Kaiser, sondern nur von einem Reichsfeldherrn verwaltet werden. Als im Dezember mit Maiorian – inzwischen zweiter Heermeister des Westens – doch wieder ein Kaiser proklamiert wurde, versagte ihm der oströmische Augustus die Anerkennung.

Zum wichtigsten Helfer Maiorians wurde ein vornehmer Gallier namens Aegidius, der dem alten Geschlecht der Syagrier aus Lyon entstammte. Er hatte sich schon bei der Verteidigung linksrheinischer Römerstädte gegen die Franken hervorgetan und bewährte sich jetzt in Südgallien. Hier hatten sich die Verhältnisse im 5. Jahrhundert grundlegend verändert: Südlich der Loire waren um 518 die Westgoten angesiedelt worden und hatten das Reich von Toulouse begründet; »nach dem Tod des Aetius und Valentinians III. bot der rapide fortschreitende Zerfall des Westreiches den Wisigoten bisher nicht geahnte Expansionsmöglichkeiten«[3], besonders in Richtung Arles. Auch die von Aetius in der Sapaudia (um Genf) angesiedelten Burgunder wurden ständig gefährlicher und hatten nach Lyon übergegriffen. Aegidius gelang es 458/59, Lyon zurückzugewinnen; auch Arles konnte er erfolgreich halten. Daraufhin ernannte der Kaiser ihn zum *magister utriusque militiae per Gallias*; der bisherige gallische Heermeister Agrippinus verlor seine Stellung. Aegidius war dem Kaiser freundschaftlich verbunden und hielt ihm über den Tod hinaus die Treue. Als Maiorian kaum Erfolge gegen die Vandalen aufweisen konnte und einen unrühmlichen Frieden mit ihnen schloss, nutzte Rikimer diese Situation aus, ließ ihn festnehmen und auspeitschen und schließlich hinrichten (August 461). Wieder herrschte im Westen ein Reichsfeldherr ohne Kaiser. Er verzichtete aber auf die eigene Usurpation der Kaiserwürde und ließ nach dreimonatigem Interregnum einen neuen Augustus ausrufen. Dieser Libius Severus war nur noch eine Marionette im Purpur; Aegidius versagte ihm die Anerkennung (er soll sogar in Italien seinen Sturz versucht haben). Rikimer aber gebärdete sich wie ein Kaiser, ließ Münzen auf seinen Namen prägen und wurde auf Inschriften anstelle des Kaisers genannt. Aegidius wurde seines Amtes enthoben, der frühere gallische Heermeister

Agrippinus, »aus Neid ein erbitterter Feind des Aegidius«[4], wieder eingesetzt; dieser erreichte ein Bündnis mit den Westgoten gegen Aegidius, der in Gallien festgehalten wurde. Die Westgoten ließen sich diese Unterstützung allerdings mit der Überlassung der Stadt Narbonne teuer bezahlen. Agrippinus scheint wenig später gestorben zu sein; 463 ernannte Rikimer den Burgunderkönig Gundiok (Gundowech), der mit seiner Schwester verheiratet war, zum neuen Heermeister. Aegidius – wie zu erwarten – fügte sich nicht; es gelang ihm, nördlich der Loire seine Stellung zu behaupten, mit Hilfe der salischen Franken dort gar eine unabhängige Machtposition mit dem Zentrum Soissons zu erringen. Damit kam es zu einer dauerhaften Spaltung des gallischen Militärsprengels. Die rheinischen Franken, mit Aegidius verfeindet, schlossen sich den Burgundern an; der Abschluss eines (rhein)fränkisch-burgundischen Bündnisses erklärt sich am ehesten mit der Bedrohung durch die sich ausbreitenden Alemannen. Die Vermählung eines (rhein)fränkischen Prinzen Sigismer mit einer burgundischen Prinzessin in Lyon (wohl vor 469) sollte dieses Bündnis schließlich besiegeln.

»Die Salfranken gewannen unterdessen im Schatten der nordgallischen Heermeister an Macht und Bedeutung«[5]. Mit ihrem König Childerich begegnen wir dem ersten historisch klarer bezeugten Merowinger. Gregor von Tours' Angabe, dass er der Sohn Merowechs war, verdient wohl Vertrauen[6]. Sicher belegt ist er seit 463; nach der späten Auskunft des *Liber historiae Francorum*, wonach er 24 Jahre regierte[7], hätte er um 457/58 die Herrschaft übernommen. Die Jahre bis 463 füllt Gregor mit der sagenhaften Erzählung, dass die Franken ihn seines lasterhaften Lebenswandels wegen vertrieben hätten:

> »Childerich aber, der dazumal über das Volk der Franken herrschte, ergab sich fesselloser Unzucht und fing an, ihre Töchter zu missbrauchen. Darob ergrimmten die Franken gegen ihn und nahmen ihm die Herrschaft. Und als er in Erfahrung brachte, dass sie ihn sogar töten wollten, machte er sich davon und ging nach Thüringen. Er ließ aber einen Vertrauten daheim zurück, der sollte

sehen, ob er nicht mit Schmeichelworten ihm die aufgebrachten Gemüter wieder versöhnen könnte; und er verabredete mit ihm ein Zeichen, wann er ohne Gefahr in seine Heimat zurückkehren könnte; sie teilten nämlich ein Goldstück; die eine Hälfte nahm Childerich mit sich, die andere aber behielt sein Vertrauter und sprach: ›Wenn ich dir diese Hälfte schicke, dann kehre ohne Furcht zurück in deine Heimat.‹ In Thüringen nun hielt sich Childerich beim König Bisin und seiner Gemahlin Basina verborgen. Die Franken aber, nachdem sie ihn vertrieben, nahmen einmütig als ihren König den Aegidius an, der, wie oben erzählt, vom Reich (*a re publica*) als Heermeister nach Gallien gesandt worden war«[8].

Dass es sich um eine sagenhafte Geschichte handelt, liegt auf der Hand; besonders die geteilte Münze als Erkennungszeichen ist ein typisches Sagenmotiv. Die Fredegarchronik übernahm aus Gregor die Geschichte und erweiterte sie gewaltig. Sie kannte nicht nur den angeblichen Namen von Childerichs Vertrautem, Wiomad, »der treuer als alle anderen zu Childerich stand und ihn befreit hatte, als er mit seiner Mutter von den Hunnen als Gefangener weggeschleppt wurde«[9], sondern faselte auch von den Listen Wiomads, der Aegidius geraten hätte, den Franken hohe Steuern aufzuerlegen. Angeblich setzte Aegidius Wiomad als Unterkönig (*subregulus*) über die Franken. Childerich sei schließlich von Thüringen nach Konstantinopel weitergereist und von dort, reich beschenkt vom Kaiser Maurikios (582–602!), zu Schiff nach Gallien zurückgekehrt. Auch der *Liber historiae Francorum* übernahm Gregors Erzählung und schmückte sie aus, allerdings nicht so ausschweifend wie Fredegar[10]. Alle drei Quellen berichten, dass Childerichs Franken nach seiner Vertreibung Aegidius zu ihrem König machten; nur der *Liber* kommentiert das als eine üble List (*malum consilium tractantes*).

Nach Gregor dauerte Childerichs Exil gut sieben Jahre; er berichtet:

»Und als er [Aegidius] im achten Jahre über sie herrschte, da schickte jener vertraute Freund, der die Franken heimlich beruhigt hatte, Boten zu Childerich mit der Hälfte des geteilten Goldstücks, die er behalten hatte. Als nun Childerich das sichere Zeichen erkannte, dass die Franken wieder nach ihm verlangten und ihn selbst zur Rückkehr aufforderten, da kehrte er von Thüringen heim und wurde wieder in sein Königreich eingesetzt. Zur Zeit dieser Herrscher [die Gregor nicht nennt] verließ auch jene Basina, die wir oben erwähnten, ihren Gemahl und kam zu Childerich. Und als er sie besorgt fragte, weshalb sie aus so weiter Ferne zu ihm käme, soll sie ihm zur Antwort gegeben haben: ›Ich kenne deine Tüchtigkeit und weiß, dass du sehr tapfer bist, deshalb bin ich gekommen, bei dir zu wohnen. Denn wisse, hätte ich jenseits des Meeres einen Mann gekannt, der tüchtiger wäre als du, ich würde gewiss danach getrachtet haben, mit ihm zusammen zu wohnen.‹ Da freute er sich über ihre Rede und nahm sie zur Ehe. Und sie empfing und gebar einen Sohn und nannte ihn Chlodwig«[11].

Auch dies übernahmen die Fredegarchronik und der *Liber*, wiederum phantasievoll ausgeschmückt.

Was ist nun historisch real an diesen phantastischen Erzählungen, oder vorsichtiger gefragt: Was könnte wahrscheinlich in diesen sieben Jahren passiert sein? Gesichert ist der Name von Chlodwigs Mutter Basina; auch ein König Bisinus der Thüringer ist Ende des 5. Jahrhunderts bezeugt, dessen Gemahlin allerdings Menia hieß. Der Name Basena findet sich eingraviert auf dem Stiel eines Silberlöffels, den man in einem Frauengrab in Weimar fand, das auf das frühe 6. Jahrhundert datiert wird – es dürfte sich also um einen thüringischen Namen handeln[12]. Der Name wurde in der Merowingerdynastie nicht vergessen; König Chilperich (561–584) nannte so eine seiner Töchter.

Die nächste Nachricht Gregors über Childerich findet sich erst sechs Kapitel später: die Kämpfe bei Orléans (s. u.), die auf 463 datiert werden können. Die gut sieben Jahre, die Aegidius nach Gregor als »ihr König« regierte, passen in etwa zur Amtszeit des gallischen Heermeisters, zumindest in der Belgica II (ca. 457–464 †), und auch zu den Jahren Childerichs, wenn wir der Angabe des *Liber* über seinen Herrschaftsantritt 457/58 vertrauen dürfen.

> »Die Legende hat also wohl die Erinnerung an die Zeit bewahrt, in der die ›belgischen‹ Franken als Föderaten Juniorpartner des

Heermeisters waren, der vielleicht zeitweise auch eine Herrschaft über sie ausübte«[13].

Dass er wirklich König der Franken wurde, ist kaum vorstellbar. Die fränkischen Geschichtsschreiber der späteren Zeit taten sich offenbar schwer mit der korrekten Terminologie der römischen Amtsträger. Während der gebildete Gregor von Tours vor der sagenhaften Exil-Geschichte noch korrekt die Ernennung des Aegidius zum *magister militum* verzeichnet[14] und die Fredegarchronik – auch nicht unkorrekt – den Tod des *comes* Aegidius vermeldet[15], stellt der *Liber historiae Francorum* Aegidius folgendermaßen vor: »Über die Römer in diesem Teil Galliens herrschte in jener Zeit König Egidius, der vom Kaiser hierher geschickt war«[16]. Interessant ist hier der Zusatz der überarbeiteten, sog. austrasischen Fassung (B), offenbar aus etwas besserer Kenntnis der militärischen Stellung des Aegidius: *rex miliciae Romanorum*. Und nach dem *Liber* bestand nach Childerichs Weggang »die üble Idee« der Franken darin, »den *princeps Romanorum* Egidius zu ihrem Herrscher zu machen«[17]. Eine wohl aus dem 7. Jahrhundert stammende Liste von fünf *reges Romanorum* nennt als letzte Aegidius und seinen Sohn Syagrius[18].

Als Fazit können wir festhalten: Die Salfranken mit ihrem König Childerich standen wohl als Föderaten unter dem Oberbefehl des Aegidius, der ja eine vom Imperium weitgehend unabhängige Machtposition im nördlichen Gallien behauptete; aber auch er war seinerseits auf die Unterstützung der Salfranken angewiesen. Gemeinsam konnten sie gegen die Westgoten an der Loire vorgehen – mit diesen Kämpfen treten sie wieder ins hellere Licht der Geschichte. Warum aber Gregors phantasievolle Exil-Geschichte? Nach Ewigs ansprechender Vermutung wurde sie »wohl durch die ›thüringische‹ Heirat Childerichs angeregt«[19].

4.2 Kämpfe mit Westgoten, Sachsen und Alemannen

Zwei kurze Kapitel Gregors von Tours (II,18 f.) berichten über Ereignisse zwischen 463 und 469; die Daten liefert er nicht, sie können aber aus zeitgenössischen Quellensplittern erschlossen werden. Seine etwas zusammenhanglosen Nachrichten – ganz untypisch für seinen Erzählstil – lassen vermuten, dass er hier annalistische Aufzeichnungen (aus Angers?) übernahm. Seine erste Notiz »Childerich kämpfte bei Orléans« bezieht sich auf den siegreichen Kampf gegen die Westgoten 463, bei dem der Bruder und Mitregent des westgotischen Königs Theoderich II., Friedrich, den Tod fand. Während Gregor hier nur Childerich nennt, gewichten andere Quellen unterschiedlich: Der Zeitgenosse Hydatius erwähnt nur Aegidius[20] wie später Marius von Avenches mit der ausführlichsten Nachricht:

> »Unter diesen Konsuln fand eine Schlacht zwischen Aegidius und den Goten zwischen der Loire und der Loiret bei Orléans statt und dort wurde Friedrich, der König der Goten, getötet.«[21]

Nach der *Chronica Gallica* kämpften nur die Franken: »Friedrich, der Bruder des Königs Theoderich, wurde im Kampf mit den Franken nahe der Loire getötet«[22]. Geringe, aber doch vielleicht bezeichnende Nuancen – am Oberbefehl des Aegidius ist aber nicht zu zweifeln. Er konnte sich des Sieges aber nicht lange erfreuen, denn er verstarb im Herbst 464, »durch Anschläge, sagen die einen, durch Gift, die anderen«[23]. Sein Sohn Syagrius folgte ihm offenbar nicht direkt nach; zunächst hören wir von einem *comes* Paulus als römischem Befehlshaber. Nach wie vor drängten die Westgoten in Gebiete nördlich der Loire. Nachdem sie 469 die Bretonen, ihnen durchaus gefährliche Föderaten des Kaisers, bei Déols im Berry besiegt hatten, »griff Paulus, der römische Befehlshaber, mit den Römern und Franken die Goten an und machte reiche Beute«[24]. Anschließend zog er offenbar nach Angers, das schon länger von *Saxones*, sächsischen Piraten, bedrängt wurde, die sich an der Loiremündung und auf den dortigen Inseln festgesetzt hatten.

Gregors annalistische Notizen sind hier ziemlich verwirrend, nicht nur für den modernen Historiker, sondern auch für die ihn ausschreibenden fränkischen Geschichtsschreiber. Wenn wir die Reihenfolge seiner Nachrichten im Sinne einer chronologischen Abfolge ernst nehmen, kam es schon zur Zeit des ersten Kampfes Childerichs gegen die Westgoten, also 463, zu einem sächsischen Zug nach Angers; dabei nennt Gregor als ihren Anführer einen Adovacrius. Der Nachricht über Aegidius' Tod (464) folgt: »Da jener aber gestorben war, empfing Adovacrius von Angers und anderen Orten Geiseln«. Schließlich, nach Erwähnung des neuerlichen Zuges gegen die Westgoten (469), heißt es: »Als aber Adovacrius nach Angers kam, erschien am Tage darauf auch König Childerich und gewann, nachdem Paulus getötet worden war, die Stadt«[25]. Sowohl die Fredegarchronik wie der *Liber historiae Francorum* haben Gregors Sätze z. T. gründlich missverstanden; ihnen zufolge war der *comes* Paulus nicht im Kampf gegen die Sachsen gefallen, sondern von Childerich getötet worden! Andererseits versucht der *Liber*, seinen Lesern das plötzliche Auftreten von Sachsen etwas näher zu erläutern: »Adovacrius, der *dux* der Sachsen, kam in feindlicher Absicht zu Schiff übers Meer bis zur Stadt Angers und setzte jene Gegend in Brand; er richtete dort ein großes Gemetzel an«[26].

Ist hier Adovacrius der *dux* der Sachsen, so macht Fredegar ihn sogar zum *rex Saxonorum*.

Die anschließende Vertreibung der Sachsen, die flohen, sieht Gregor vorrangig als Verdienst der Römer, gesteht aber auch den Franken bei der Rückeroberung der Inseln einen wichtigen Anteil zu. Rätselhaft bleibt seine letzte Nachricht über den Sachsenführer: »Adovacrius schloss mit Childerich [seinem bisherigen Gegner!] einen Bund, und sie unterwarfen die Alemannen, die einen Teil Italiens durchzogen hatten«[27]. Bezeichnenderweise übernehmen weder Fredegar noch der *Liber* diese Stelle. Man hat erwogen, ob Grgeor hier die Alanen mit Alemannen verwechselte[28] – m. E. unwahrscheinlich. Es gibt aber Hinweise – etwa in der Vita des Bischofs Lupus von Troyes (426–478)[29] –, dass die Expansion der Alemannen in dieser Zeit »über Langres hinaus in Richtung Troyes und Châlons-sur-Marne« führte[30]. Wenn also die Nachricht ernst zu nehmen ist, dürfte der Zug sich am ehesten gegen Alemannen in diesem Raum gerichtet haben.

Wer aber war Adovacrius? Der seltene Name, vielleicht auch die Erwähnung Italiens bei Gregor, ließen viele Forscher eine Identität mit dem berühmten Odoakar vermuten, dem *rex Italiae*, der 476 den letzten weströmischen Kaiser Romulus Augustulus absetzte. Früher meist als Skire oder Rugier bezeichnet, dürfte heute feststehen, dass er Sohn eines Thüringers und einer Skirin war[31]. Die thüringische Abstammung bot jüngst für M. Springer ein Argument für den »Sachsen« Odoakar, da es römischer Brauch gewesen sei, »Leute, die zu Schiff von Norden kamen, als *Saxones* zu bezeichnen«, also auch »Männer, deren Heimat in Thüringen lag«[32]. Nun besteht die Crux darin, dass Gregor in seinen Historien über den »italienischen« Odoakar nichts berichtet; auch der *Liber historiae Francorum* schweigt über ihn. Fredegar hingegen erwähnt ihn viermal, immer in der Namensform *Odoagrus*, ohne handschriftliche Varianten; der Sachse dagegen wird ausschließlich in der Form *Odovacrus* genannt. Auch Gregor und der *Liber* kennen für ihn nur Formen mit –v–. Auch das scheint mir letztlich gegen eine Identität zu sprechen (Herwig Wolfram hält die Gleichsetzung geradezu für »prosopographischen Beziehungswahn«[33]). Faktisch können wir nur festhalten, dass um 470 Childerich mit Adovacrius von der Loire abzog.

4.3 Ein Rest römischer Herrschaft in Trier: der *comes* Arbogast

Das Ausgreifen der rheinischen Franken in den trierischen Raum und die Eroberung der Metropole hatte noch nicht das definitive Ende der römischen Herrschaft bedeutet. Wieder sieht es aber mit den Quellen trübe aus: »Der Ausgang der römischen Herrschaft in Trier und der *Belgica I* liegt weithin im

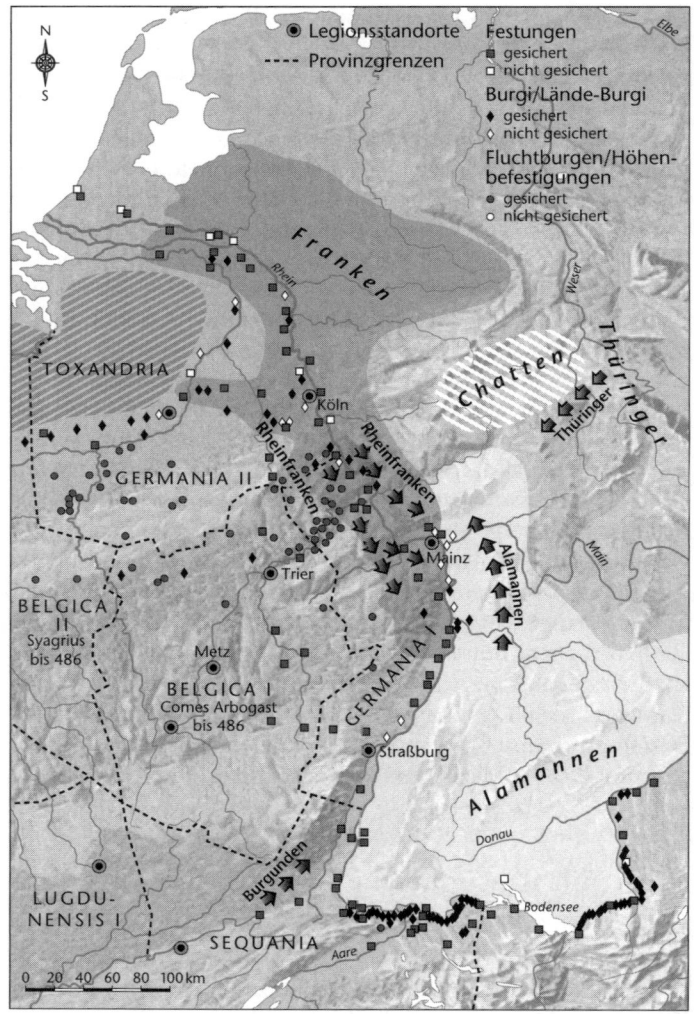

Karte 5: Die Ausbreitung der fränkischen Herrschaft in den Rheinlanden vor und seit Chlodwig I.

Dunkeln«[34]. Immerhin werfen zwei zeitgenössische Zeugnisse aus den 70er-Jahren des 5. Jahrhunderts ein wenig Licht auf die dortigen Verhältnisse. Es handelt sich um eine metrische Epistel des Bischofs Auspicius von Toul[35] und einen Brief des Sidonius Apollinaris[36], beide an denselben Adressaten gerichtet, den *comes* Arbogast von Trier. Arbogast war mit hoher Wahrscheinlichkeit ein Nachkomme (vielleicht ein Enkel) des fränkischen *magister militum* Arbogast vom Ende des 4. Jahrhunderts. Schon sein Vater Arigius hatte die Amtsstellung in Trier inne. Das Gedicht des Auspicius liest sich wie ein Panegyricus; aber trotz der poetischen Stilisierungen kann man ihm durchaus glaubwürdige Details über die Persönlichkeit entnehmen. Auffällig sind die gebrauchten Epitheta wie *praecelsus, spectabilis, laudabilis, eximius, illustris* oder in Sidonius' Brief die Anrede *domine maior*. *Praecelsus* entsprach der Rangstufe eines *comes primi ordinis*, während *illustris* nur den höchsten Amtsträgern der spätantiken Staats- und Hofverwaltung wie den Heermeistern oder den *praefecti praetorio* zukam. Auspicius deutet an, dass Arbogast durchaus für einen höheren Rang würdig sei. Beide Texte betonen sein katholisches Bekenntnis und loben seine antike Bildung. All das lässt darauf schließen, dass seine Familie romanisiert war; man hat sogar vermutet, dass die Familie den Aufstieg in die Senatorenaristokratie geschafft hatte. Trier kann sich einer solchen Herrschaft erfreuen: »Zu beglückwünschen bist du, oh *civitas* der Trierer, die du von einem solchen Manne regiert wirst, der den *antiqui* vergleichbar ist«[37].

Die früher öfter geäußerte Meinung, Arbogast habe als unabhängiger fränkischer Fürst oder gar Gaukönig im Trierer Raum geherrscht, ist nicht haltbar. Seine Amtsstellung als *comes* umfasste – wie aus diversen Stellen der Auspicius-Epistel deutlich wird – sowohl die Aufgabenbereiche der Zivil- und Finanzverwaltung wie auch das militärische Oberkommando und erinnert stark an den Comitat eines Aegidius oder Paulus. Eine Unterordnung unter einen der nordgallischen Machtträger ist kaum anzunehmen, man darf vielmehr von einer selbstständig im Namen Roms ausgeübten, von den

Franken geduldeten Herrschaft ausgehen. Nicht sicher auszumachen ist der räumliche Umfang seines Comitats. Er reichte sicher über die *civitas* Trier hinaus, Toul gehörte wohl dazu; er hat aber nicht mehr die gesamte Belgica I umfasst, wie sich der Bemerkung des Sidonius entnehmen lässt, dass »an den Grenzen die römischen Rechte fielen« (*apud limitem ipsum Latina iura ceciderunt*)[38].

Der zweite Teil der Auspicius-Epistel enthält ausführliche paränetische Ermahnungen, an deren Ende es heißt:

> »Und jenes bewahre vor allem im Herzen, dass ich dich für jemand halte, der bereits für das Priestertum/Bischofsamt (*sacerdotio*) vorbestimmt ist«[39].

Zusammen mit einigen Hinweisen liegt der Schluss nahe, dass Arbogast wirklich Bischof wurde; ein für das Bistum Chartres bezeugter Bischof Arbogast ist in die 80er-Jahre zu datieren. So hat die Vermutung Émilienne Demougeots einiges für sich, Arbogast sei wegen zunehmender Schwierigkeiten in das noch in römischer Hand befindliche nordgallische Gebiet des Syagrius geflohen, dort dann Bischof von Chartres geworden und habe als solcher sein Leben beschlossen[40].

Wann die römische Herrschaft in Trier endete, ist nicht genau festzustellen. Beide Briefquellen deuten zumindest an, dass Arbogast auch in Kämpfe verwickelt war. Der von Auspicius genannte, zur Zeit Arbogasts amtierende Trierer Bischof Jamblichus scheint nachweislich eines nicht genauer, nur auf das Ende des 5. Jahrhunderts zu datierenden Epitaphs[41] – nicht in Trier, sondern (von dort vertrieben?) in Chalon-sur-Saône gestorben zu sein. Insgesamt mehren sich die Hinweise auf kriegerische Auseinandersetzungen und einen Umschwung in Trier, bedingt wohl durch die – inzwischen mit den Burgundern verbündeten – vordringenden Rheinfranken seit dem Ende der 70er-Jahre. Kombiniert man die historiographischen Quellensplitter mit den Angaben des Geographen von Ravenna, so dürften Trier und die Moselprovinz um die Mitte der 80er-Jahre in das Reich der rheinischen Franken von Köln einbezogen worden sein. Aber:

»Triers Zugehörigkeit zur *Francia Rinensis* bedeutet ein politisches Übergangsstadium für die Stadt und die Region. Spätestens mit der Einbeziehung des Kölner Reiches gegen Ende von Chlodwigs Herrschaft ist auch die alte Kaiser- und Bischofsstadt dem Großreich der Merowinger eingefügt worden«[42].

4.4 Von römisch-fränkischer Partnerschaft zur Rivalität: Childerichs letzte Jahre

Für die letzten zehn bis zwölf Regierungsjahre Childerichs wissen Gregor von Tours und in seiner Folge Fredegar und der *Liber historiae Francorum* nichts mehr zu berichten. Es waren die Jahre, in denen die römische Herrschaft im Westen immer mehr zerbrach. Zu 476 vermerkt eine der fragmentarisch überlieferten kleinen Chroniken zwar nicht die Absetzung des Romulus Augustulus und damit das Ende des seit langem in Agonie befindlichen weströmischen Kaisertums, sondern charakterisiert allgemein die Schwäche des Imperiums: »Von allen Seiten entstand Unheil für das Reich (*rei publicae*): Überall wurden sie von allen Völkern bezwungen und verloren Provinzen und die Herrschaft«[43]. Eine lange unterschätzte Quelle für diese Jahre ist die um 520 verfasste älteste Vita der heiligen Genovefa von Paris. Bruno Krusch hatte den Text erst der zweiten Hälfte des 8. Jahrhunderts zugewiesen und ihm jeglichen historischen Aussagewert abgesprochen; durch die bahnbrechende Untersuchung von Martin Heinzelmann und Joseph-Claude Poulin wurde die für die Zeit Childerichs und Chlodwigs durchaus aussagekräftige Quelle rehabilitiert[44].

Genovefa, die in hohem Alter von mehr als 80 Jahren um 502 verstarb, wird in ihrer Vita auf der einen Seite traditionell als heilige »Gott geweihte Jungfrau« (*virgo Deo sacrata*) gewürdigt; andererseits schildert ihr Biograph ihre außergewöhnliche soziale Rolle in Paris, wohin sie vor 451 übergesiedelt war. Sie war offensichtlich »mit erblich erworbenen Rechten oder Funktionen (*munera*) innerhalb der städtischen Selbstverwaltung ausgestattet«[45]. Beim Hunneneinfall trat sie an der Spitze der Bürgerschaft hervor; die Rettung der Stadt hat man dann auf ihr Gebet zurückgeführt. Besuchte sie fremde Städte, wurde ihr ein außergewöhnlich ehrenvoller Empfang zuteil, wie er sonst nur Bischöfen und hohen Amtsträgern zustand. Als Childerich in Paris eindrang und viele Gefangene machte, trat sie mutig dem König entgegen und erreichte zumindest, »dass die Köpfe der gefesselten Gefangenen nicht abgeschlagen wurden«[46]. Leider bietet die Vita keinerlei chronologische Angaben; Childerichs Razzia in Paris wird wohl am ehesten in der schwierigen Zeit nach dem Tod des Aegidius (464) anzusetzen sein.

Später hören wir von einer Belagerung der Stadt:

> »Zu der Zeit, als Paris – wie man berichtet – zehn Jahre lang eine Belagerung durch die Franken erlitt, suchte eine solche Hungersnot den Gau um die Stadt heim, dass einige bekanntlich dem Hunger erlagen«[47].

Paris war also von allen Getreidelieferungen abgeschnitten. Tatkräftig begegnete Genovefa dieser Situation und brach mit einem Dutzend Schiffen, die für den Transport von Getreide ausgerüstet worden waren, auf der Seine auf; die sonst üblichen Verkehrswege waren versperrt. Die Fahrt führte in die Stadt Arcis-sur-Aube (die nach dem gleichnamigen Nebenfluss der Seine benannt ist) – über 160 km von Paris entfernt! – und weiter nach Troyes: eine mutige Versorgungsexpedition. Nach Paris zurückgekehrt, überwachte sie die Verteilung des mitgebrachten Brotgetreides; auch das anschließende Backen der Brote erfolgte unter ihrer persönlichen Aufsicht. Das alles »muss auf typische *munera* der spätantiken Stadtverwaltung zurückgeführt werden«[48].

Einige Schlaglichter also, aber insgesamt erfahren wir wenig über Childerichs Aktivitäten. Nach dem Zwischenspiel des *comes* Paulus hatte Aegidius' Sohn Syagrius die Herrschaft übernommen und residierte wie schon sein Vater in Soissons. Während Gregor und in der Folge der *Liber* ihn als *rex Romanorum* bezeichnen[49], ändert Fredegar das ab in *Romanorum patricius*[50] – also eine ähnliche Unsicherheit in der Terminologie wie bei Aegidius (vgl. oben S. 100). Dass aber Syagrius, der noch ganz in römischen Traditionen stand, sich selbst als »König der Römer« bezeichnet hat, kann man sicher ausschließen, zumal er vom Westkaiser Anthemius (467–472) anerkannt wurde, dessen Allianz gegen die Westgoten er beitrat. Auch Childerich fand offenbar die Anerkennung des Kaisers und seines Nachfolgers Julius Nepos (474–475), denen er eine wichtige Hilfe im Kampf gegen die Westgoten war. Interessant ist hier eine Wundergeschichte, die die Fredegarchronik aus der Chronik des Hydatius übernimmt:

»Im zweiten Jahr des Anthemius sprudelte mitten in der Stadt Toulouse Blut aus der Erde und floss den ganzen Tag hindurch«; sie erweitert ihre Vorlage mit der Ausdeutung: »dieses Zeichen deutet an, dass nach dem Ende der Gotenherrschaft das Reich der Franken kommen werde«[51].

Im Grab Childerichs (dazu das folgende Kapitel) fanden sich zahlreiche Münzen der Ostkaiser Leo I. (457–474) und Zeno (474–492), was vermuten lässt, dass oströmische Subsidien an Childerich flossen; wahrscheinlich gelangten sie über Anthemius und Julius Nepos an den Frankenkönig, die beide Rückhalt am Hof in Konstantinopel fanden. Childerichs Stellung in Nordgallien erscheint als eine doppelte: er residierte als fränkischer König in Tournai, als föderierter General kämpfte er an der Seite des Aegidius und des *comes* Paulus und zunächst auch noch des Syagrius gegen die Westgoten. Zu letzterem scheint sich sein Verhältnis aber seit der Mitte der 70er-Jahre verschlechtert zu haben. Ein Grund dafür könnten direkte Beziehungen Childerichs zu Kaiser Zeno sein; Syagrius hingegen, der den neuen Herrscher Italiens, Odoakar, nicht anerkannte und seinerseits Verbindung zu Zeno suchte, wurde dort abgewiesen. Childerich ist »vielleicht schon über Syagrius hinausgewachsen, jedenfalls aber ein ebenbürtiger Partner oder Rivale des Erben der nordgallischen Heermeister geworden«[52].

Im berühmten Glückwunschschreiben des Bischofs Remigius von Reims zum Regierungsantritt Chlodwigs gratuliert dieser ihm zur Übernahme der *administratio Secundae Belgicae*[53]. Diese, den zivilen wie militärischen Sektor umfassende Statthalterschaft hat offenbar Childerich in seinen letzten Jahren auch schon innegehabt. 482 verstarb er und wurde bei seiner Residenz Tournai bestattet. Sein prunkvoll ausgestattetes Grab als Zeugnis einer fränkisch-romanischen Mischkultur wird uns gesondert beschäftigen. Chlodwig aber sollte über seinen Vater hinausgehen und schon wenige Jahre später (486) den Kampf gegen Syagrius aufnehmen, den er besiegte und mit dem Schwert hinrichten ließ. Die römische Herrschaft in Gallien ging zu Ende, wie es die schon zitierte römische »Königsliste« aus dem 7. Jahrhundert vermerkte: »Aegidius zeugte Syagrius, durch den die Römer das *regnum* verloren«[54]. Die Belgica II wurde zur Keimzelle des merowingischen Frankenreichs, dem die Zukunft gehörte.

4.5 Das Grab Childerichs

Als man im Mai 1653 in der Nähe der Pfarrkirche St. Brictius in Tournai Ausschachtungsarbeiten für den Neubau eines Armenhauses vornahm, stieß man auf einen ungewöhnlich reichen Grabfund. Trotz der Bemühungen des Dekans von St. Brictius, alle Fundstücke zu sammeln, verlief die Bergung recht tumultuarisch, wobei offenbar manche Stücke verloren gingen oder entwendet wurden. Die Ausgrabung stellte sich bald als Sensation heraus: Unter den geborgenen Beigaben fand sich ein goldener Siegelring mit der Inschrift *Childirici regis* – unzweifelhaft hatte man das Grab Childerichs entdeckt. Das Münzbild zeigt den König ohne Bart und mit lang herabfallendem Haar, was ganz unrömisch ist und auf die merowingischen *reges criniti* vorausweist.

Wir verdanken es dem kaiserlichen Statthalter in den Niederlanden, dem Habsburger Erzherzog Leopold Wilhelm, dass er sich bei einem Besuch in Tournai alle (noch vorhandenen) Fundstücke vorlegen und sie dann nach Brüssel schaffen ließ; sein Leibarzt, Jean Jacques Chiflet, wurde mit der Dokumentation und Veröffentlichung beauftragt. Schon 1655 erschien seine umfängliche Publikation mit vorzüglichen

Abbildungen[55]. Da große Teile des Fundgutes, das Kaiser Leopold I. Ludwig XIV. übergeben hatte, 1831 aus der königlichen Bibliothek gestohlen wurden und seitdem verschollen sind (die erhaltenen Reste liegen heute im Cabinet des Médailles der Bibliothèque Nationale), bilden Chiflets Bericht und seine genauen Zeichnungen die wichtigste Grundlage für die wissenschaftliche Bearbeitung. Chiflet zufolge war das Grab über 2,20 m in den Boden eingetieft. Zahlreiche Holz- und Eisenreste von einem Sarg bzw. einer Grabkammer wurden gefunden; auch das Skelett des Königs, das ausgebreitet im Grab lag, war offenbar noch gut erhalten und maß 1,79 m. Neue Grabungen eines belgischen Forscherteams unter Leitung von Raymond Brulet zwischen 1983 und 1986 konnten z. T. Chiflets Angaben über die Anlage des Grabes bestätigen (aufgeschütteter Grabhügel mit einem Durchmesser von 20 bis 40 m), haben darüber hinaus aber die Umgebung des Königsgrabes untersucht. Es lag am Rand einer merowingischen Nekropole mit früheren und zeitgleichen Bestattungen, aber in gewissem Abstand: also eine deutlich hervorgehobene Grabanlage. Unmittelbar am Rand des Grabes fand man drei kollektive Pferdegräber mit insgesamt 21 geopferten Tieren. Solche Pferdegräber sind im linksrheinischen Gallien äußerst selten; umso häufiger findet man sie östlich des Rheins, u. a. in Thüringen (was an Childerichs thüringische Gemahlin denken lässt). Bei den bestatteten Tieren handelt es sich überwiegend um Wallache, also Reitpferde im Krieg; die besondere Lage ihrer Gräber legt eine kultische Verwendung nahe.

Der Leichnam des Königs war nach Chiflet *iustae ac elegantis structurae*; mit einem golddurchwirkten Gewand bekleidet hatte man ihn bestattet. Dabei dürfte es sich um ein *paludamentum* handeln, einen kürzeren Mantel von Offizieren in Panzertracht (einen solchen zeigt auch das Siegelbild). Dazu gehörte offenbar eines der Prachtstücke des Grabfundes, eine goldene Zwiebelknopffibel – wahrscheinlich vom Kaiser zusammen mit dem prächtigen Mantel als Würdezeichen verliehen. Als persönliches Schmuckstück des Königs barg man einen Armreif aus massivem Gold im Gewicht von ca. 300 g, den man wohl als germanisches Herrschaftszeichen ansprechen darf; ähnliche Goldringe fanden sich in zahlreichen barbarischen Fürstengräbern. Hinzu kommen ein goldener Fingerring, goldene Schuhschnallen, eine Taschenschließe aus goldenem Zellendekor mit roten Granaten: alles höchst kunstvoll gearbeitete Stücke aus edelsten Materialien, die den hohen sozialen Rang des Bestatteten widerspiegeln. Auch ohne den glücklichen Fund des Siegelrings wäre das Grab als Fürsten- oder Königsgrab gesichert.

Ebenso prächtig waren die dem Leichnam beigegebenen Waffen: eine eiserne Wurfaxt (*francisca*), eine Lanze, ein Sax (ein einschneidiges Kurzschwert) und als prächtigstes Stück eine Goldgriffspatha (ein zweischneidiges Langschwert) mit aufwendig verzierter Parierstange, Griffknopf und Scheide.

Im Grab fand man auch einen Pferdekopf, der wohl zu Childerichs persönlichem Reitpferd gehörte. Offenbar vom Zaumzeug dieses Pferdes stammt eine Reihe von kleineren Objekten mit Zellendekor: Knöpfe, Schnallen, über 30 goldene bienenförmige Beschläge und ein Stierkopfanhänger aus Gold mit Almandineinlagen. Den Stierkopf hat man in Verbindung mit dem mythischen Ahnherrn der Merowinger gebracht (s. S. 83 f.); stierkopfförmige Zaumzeugbeschläge kennen wir allerdings schon aus der Antike im Mittelmeerraum und auch nördlich der Alpen, aus dem 4. Jahrhundert dann am Nordrand des Schwarzen Meeres. Die berühmt gewordenen goldenen Bienen (die auch schon im 4. und 5. Jahrhundert im Osten als Schmuck des Pferdegeschirrs belegt sind) sollten noch in der neueren französischen Geschichte eine Rolle spielen, als 1804 Napoleon seinen Krönungsmantel mit Bienen schmücken ließ, als Ausdruck des Protestes gegen die bourbonischen Lilien; die Bienen blieben fortan seine Wappentiere.

Schließlich barg das Grab eine große Menge an Münzen. Im Schoß des Leichnams fand man die geringen Reste eines Lederbeutels mit 100 Goldsolidi; die Prägungen aus dem Zeitraum von Theodosius II. (450) bis zu Zeno (476–491) waren hauptsächlich im Ostreich geprägt. Sie dürften aus Soldzahlungen des Imperiums aufgrund des abgeschlossenen *Foedus* stammen. Außerdem ergrub man mehr als 200 Silbermünzen aus der mittleren Kaiserzeit; ein Teil des königlichen Schatzes war dem toten König beigegeben worden.

Insgesamt bildet dieses Grabmal ein herausragendes kulturgeschichtliches Zeugnis, das »die zweifache kulturelle Zugehörigkeit Childerichs«[56] spiegelt: Als fränkischer König und als römischer Foederatenoffizier stand er in weitreichenden politischen und kulturellen Beziehungen. Dieser Symbiose sollte die Zukunft gehören.

5 Lebensform und Kultur der Franken

5.1 Gräber als Zeugnisse des Lebens

Mehrfach betonten wir die große Bedeutung archäologischer Funde für die Erforschung der frühen Franken. Dabei handelt es sich in erster Linie um Grabfunde; sind doch inzwischen Tausende von Gräbern verstorbener Franken nicht nur der Oberschicht ergraben worden. Bei den germanischen Völkern zwischen Rhein und Elbe war ursprünglich die Brandbestattung üblich. Die Toten wurden offenbar in voller Tracht auf einem Scheiterhaufen verbrannt, die Asche anschließend in die Grabgrube gesenkt. In den Rückständen fand man häufig Reste von Beigaben wie Scherben von Keramik und Glas, Bruchstücke von Kämmen aus Bein, verschmolzene Glasperlen oder auch Fragmente von metallenem Schmuck. Auch bei den Romanen in den Provinzen des Reiches herrschte Brandbestattung vor; man begrub – hier meist in Urnen – vorwiegend auf Friedhöfen an den Ausfallstraßen der Städte, neben militärischen Anlagen oder am Rand ländlicher Siedlungen – gemäß den römischen Vorschriften auf jeden Fall außerhalb der Wohnbebauung. Allerdings wurde hier die Brandbestattung schon im 3. Jahrhundert aufgegeben. Zahlreich ergrabene romanische Körpergräber überliefern die Reste von Holzsärgen, die jeweils in einer bis zu 1,6 m breiten Grube oder Holzkammer lagen (Steinsarkophage waren der Oberschicht vorbehalten). Beigaben (vor allem Geschirr) konnten neben dem Sarg oder am Fußende gelagert sein; zuweilen fand man auch eigens für die Beigaben ausgehöhlte Grabnischen. Seit der zweiten Hälfte des 4. Jahrhunderts wurden die Gräber zunehmend in West-Ost-Ausrichtung angelegt; in der gleichen Zeit gab man die Beigabensitte auf.

Die Franken hielten noch länger an der Brandbestattung fest. In ihren neuen nordgallischen Siedlungsgebieten übernahmen sie dann offenbar von den Romanen die Körperbestattung; wurden doch auf dortigen Friedhöfen häufig Romanen und Germanen nebeneinander bestattet. Sind dort beigabenlose Gräber oft ethnisch nicht zu unterscheiden, so lassen die Beigaben der Männer eine klare Differenzierung zu: Waffen gaben Romanen niemals mit ins Grab, wurden dagegen typische Beigaben für germanische Krieger, die im römischen Dienst gestanden hatten (wie auch Childerich). Auch in Knabengräbern solcher Familien fand man wiederholt beigegebene Miniaturäxte. Als Vorbild hat man ostgermanische Söldner (z. B. Burgunder) erwogen, die die Waffenbeigabe bereits aus ihrer alten Heimat kannten. Der gewandelte Grabritus, aber auch die sonstigen Beigaben spiegeln

> »nicht allein die unzweifelhafte Anwesenheit von größeren germanischen Bevölkerungsgruppen in den nordgallischen Provinzen, sondern in besonderem Maße deren langsame Akkulturation in ihre provinzialrömische Umgebung«[1].

Frauen wurden zunächst in ihrer eng anliegenden, mit Fibeln verschlossenen Gewandung bestattet; so sind etwa die typischen Armbrustfibeln in Gräbern vom Elbegebiet bis nach Nordgallien zu finden. In späteren Gräbern aber fand man die weiblichen Leichname mit den Resten einer fibellosen romanischen Tunika-Kleidung. Allerdings weisen die häufig ihnen mitgegebenen Spinnwirtel, Kämme oder Scheren dann doch auf ihre germanische Herkunft hin. Von den Provinzialrömern übernahm man auch deren typische Beigaben wie Gefäße aus Ton, Glas und Metall. Dabei dürfte die scheibengedrehte Keramik wohl vorrangig aus romanischen Werkstätten stammen. Die Franken stellten anfangs nur handgefertigte, relativ schmucklose Gefäße her; erst im 6. Jahrhundert nahm auch bei ihnen scheibengedrehte Ware zu und bereicherte das Angebot auf regionalen Märkten.

Glasgefäße galten eher als Luxusware und wurden von den Franken hoch geschätzt. Allerdings erreichte die eigene Produktion selten die Qualität römischer Stücke. Aus Metall gefertigte Gefäße und Gebrauchsgerät, aber auch Trachtbestandteile wie Fibeln und Gürtelschnallen sowie Schmuck sind aus zahlreichen Gräbern geborgen worden, wenn auch häufiger erst in der Merowingerzeit, als sie eine hohe Qualität erreichten. Die fränkischen Metallhandwerker eigneten sich römische Techniken wie Niellieren (Hervorhebung eingravierter Ornamente in Metall), Tauschieren (Schmucktechnik, bei der Silber- und Golddrähte in die gravierten Ornamente von Bronzeplatten eingehämmert werden) und Feuervergolden an.

Auch die römische Sitte, den Toten einen Obolus mit auf die Reise zu geben (»Charonspfennig«), übernahmen die Franken. Während die Römer dafür eine einfache Kupfermünze wählten, benutzten die Franken dazu Silber- oder Goldmünzen.

In den ländlichen Siedlungen setzte man die Toten unweit der Höfe bei; oft wurde eine markante Stelle meist etwas oberhalb der Wohnplätze gewählt. Die so entstandenen Gräberfelder zeigen ganz unterschiedliche Größe: Ihr Umfang hing von der Größe der Siedlung und der Dauer der Belegung ab. Hieraus entwickelte sich dann seit dem 6. Jahrhundert die Reihengräbersitte mit den Kennzeichen einer geosteten Ausrichtung und einer Reihung der Grabgruben, wobei sich das Grab des vermutlichen Siedlungsgründers oft durch separierte Lage und eine besondere Ausstattung hervortat. Den Übergang zeigt z. B. das riesige Gräberfeld von Köln-Müngersdorf, auf dem ca. sieben Generationen offenbar recht wohlhabender Gutsbesitzer mit ihren Familien ruhen.

> »Die Belegung beginnt im letzten Drittel des 5. Jahrhunderts im Nordosten mit einer lockeren, sich vom übrigen Gräberfeld absetzenden Gruppe. Bei den beiden ältesten Gräbern handelt es sich um schmale, nord-süd-gerichtete Schächte, daneben lag ein Brandgrab. Die folgende Generation legte die Toten mit dem Kopf im Westsüdwesten nieder. Erst ab der dritten Generation entsteht ein klassisches Reihengräberfeld«[2].

Die Reihengräbersitte sollte – nicht nur bei den Franken – typisch für die Merowingerzeit werden.

Bei den Franken im nördlichen Gallien lassen zwar einige über Jahrhunderte benutzte Friedhöfe einen langsamen Wandel in der Form der Grabbeigaben erkennen, d. h. von zunächst spätrömisch geprägten Gegenständen zu schließlich fast nur noch fränkisch-merowingischem Formengut,

> »aber ein markanter Bruch in der Entwicklung von Sachaltertümern, der den radikalen politischen Macht- und Herrschaftswechsel dieser Zeit widerspiegelte (vom Imperium Romanum zum fränkischen Königtum), ist nicht auszumachen«[3].

5.2 Siedlungsformen der Franken

So zahlreich Grabfunde geborgen und ausgewertet werden, so spärlich sind unsere konkreten Kenntnisse über die fränkischen Siedlungen, obwohl auch hier in jüngerer Zeit den Archäologen die Erschließung von Befunden einzelner Siedlungsplätze gelang. In der Kombination von Textstellen, Ortsnamenanalyse und Luftbildarchäologie gelangen zunehmend Aufschlüsse über die frühe Besiedlung. Doch die Möglichkeiten der Archäologen sind hier stark eingeschränkt: zum Einen durch die Tatsache, dass die überwiegende Zahl früher Siedlungen bis heute überbaut ist, zum Anderen durch das am häufigsten verwendete Baumaterial Holz, von dem (fast) nichts übriggeblieben ist. Wenn auch im römisch geprägten Gallien die Kenntnis vom Steinbau nicht völlig verloren ging und Stein etwa zur Herstellung von Unterlagen zuweilen nachzuweisen ist, bleibt das eher die Ausnahme. Eine »Evolution in der Verwendung der Baumaterialien« zeigt ein nordfranzösisches Dorf Trainecourt (dép. Calvados):

> »Auf einen *vicus* mit Steinkonstruktionen – wenigstens für die Unterbauten – folgt im 3. Jahrhundert und bis ins 8. Jahrhundert eine Ansammlung von Holzhütten. Erst vom Ende des 7. oder vom Beginn des 8. Jahrhunderts an verwenden die Anwohner wieder

Steine zum Bauen und geben diese Bautechnik später nicht mehr auf«[4].

In den fränkischen Expansionsgebieten links des Rheins knüpfte man an die in der Spätantike genutzten Siedlungsräume an. Nach Klima und Bodenqualität für den Anbau günstige Landstriche wurden bevorzugt, höhergelegene Mittelgebirgsregionen wurden dagegen noch gemieden. Um die bevorzugte Viehzucht sicherzustellen, suchte man Siedelräume mit reichlichen Wasservorkommen – sei es in unmittelbarer Nachbarschaft eines Wasserlaufs, sei es bei einer ausreichend ergiebigen Quelle. Das bedeutet aber, dass man höchst selten an die *villae rusticae*, die ländlichen Niederlassungen der Römerzeit, anknüpfte. In der Architektur waren die Unterschiede zu den römischen Anwesen – nicht nur des Holzbaus wegen – nicht zu verkennen.

Auch die Franken kannten Einzelhöfe, typischer waren aber Gruppensiedlungen in der Art eines Weilers oder Dorfs, die

> »aus einer mehr oder weniger lockeren Konzentration von Bauten oder Bautengruppen bestehen, die ohne erkennbare Regelmäßigkeit nebeneinander gebaut sind und die voneinander durch Räume getrennt werden, welche der Zirkulation dienen«[5].

Zunächst wohl nicht zu erwartende Auskünfte über Art und Funktion dieser unterschiedlichen Bauten erhalten wir aus den fränkischen Volksrechten; deren ältestes, der *Pactus legis Salicae*, stammt zwar erst aus dem Anfang des 6. Jahrhunderts, spiegelt aber sicher auch ältere Zustände und darf daher herangezogen werden. Im Titel 16 »Von Brandstiftungen« werden die unterschiedlichen Bußsätze für das Anzünden verschiedener Gebäude festgelegt:

> »ein Haus über schlafenden Menschen« (*casa super homines dormientes*), »ein Nebenhaus aus Flechtwerk« (*casa cletem*), »einen Speicher oder eine Scheune mit Getreide« (*spicario aut machalum cum annona*), »eine Hürde mit Schweinen oder einen Stall mit Rindern« (*sutem cum porcis aut scuria cum animalibus*), »eines anderen Zaun oder Verhau« (*sepem aut concidem alienum*)[6].

Die Zusammenstellung liest sich wie manche Beschreibung eines Ausgräbers einer fränkischen Siedlung; die von den Archäologen erschlossene idealtypische Siedlungseinheit umfasst Wohnbau, Annexbauten und Stall- und Speicherbauten, das Ganze von einer Umfriedung umgeben. Der Zaun oder Verhau, im Gelände kaum noch auszumachen, begegnet häufig in Rechtsquellen. Er bildete nicht nur eine Abgrenzung und praktischen Schutz vor eindringendem Wild oder ausgebrochenem Vieh, sondern markierte auch eine rechtliche Grenze: Nicht erst das unerlaubte Eindringen ins Haus, sondern bereits die gewaltsame Überwindung der »Umfriedung« stellte eine Verletzung des Rechtsfriedens, »Hausfriedensbruch« dar. Ein eigener Titel des *Pactus* »Von gestohlenen Zäunen« sah hohe Bußen vor[7]. Auch das Zuzugsrecht war streng geregelt und bedurfte der Zustimmung der Hofgemeinschaft, wie aus den Bestimmungen des ausführlichen Titels »Von Zuziehenden« hervorgeht[8].

Trotz der äußerst geringen Überreste ist es den Archäologen dank ständig verfeinerter Methoden gelungen, die Bauweise der verschiedenen Haustypen zu rekonstruieren. Bodenverfärbungen und gelegentliche ringförmige Ansammlungen kleiner Steine markieren die Pfostenstandspuren; daraus ergeben sich Hinweise auf den Grundriss des Hauses. Grundsätzlich lassen sich zwei Typen unterscheiden: ebenerdige Pfostenbauten und eingetiefte Grubenhäuser.

Die Größe der ebenerdigen Häuser schwankte beträchtlich; sie konnten durchaus bis über 40 m lang sein, die Breite überschritt selten 6 m. Die meist nur geringe Eintiefung der Pfosten in den Unterboden erforderte eine umso solidere Balkenkonstruktion, d. h. eine zuverlässige Zimmermannsarbeit; das Holzhandwerk muss ein beachtliches Niveau erreicht haben. Die Dächer – wohl in der Form von Sattel- oder Walmdach – waren meist mit Stroh oder Schilf gedeckt. Für die Füllungen zwischen den Wandpfosten verwendete man entweder mit Lehm verputztes Flechtwerk (Fachwerk) oder Bretter (Spaltbohlen). Die innere Aufteilung der Häuser lässt sich nur schwer genauer erkennen, insbesondere wenn im

Innenraum keine Standspuren von Pfosten nachweisbar sind. Es dürfte einschiffige Gebäude mit einem bis zum Dach offenen, weiten, hallenartigen Raum gegeben haben, aber auch zwei- oder dreischiffige Häuser lassen sich erschließen. Eine eindeutige Funktionsbestimmung der ebenerdigen Gebäude ist schwierig; das Haupthaus – die *casa* des *Pactus* – konnte reines Wohnhaus sein oder auch als Wohnstallhaus Mensch und Vieh unter einem Dach vereinen (offenbar auch regional unterschiedlich). Weitere ebenerdige Gebäude von durchaus beachtlicher Größe konnten als Stallgebäude für Großvieh oder als Vorratsspeicher dienen.

Im Gegensatz zu den aufwendig errichteten ebenerdigen Pfostenbauten steht der wesentlich einfachere Typ des Grubenhauses, das ohne große Spezialkenntnisse sicherlich mit den Möglichkeiten bäuerlicher Eigenleistung errichtet werden konnte.

> »Der Name bezieht sich auf eine rechteckige bis ovale Grube, die von der damaligen Oberfläche etwa einen halben bis einen Meter tief ausgehoben wurde und meistens in der Länge 3 bis 4 m, in der Breite 2 bis 3 m mißt«[9].

In kleinerer Ausführung, als »Zwei-Pfosten-Bau« mit bis zum Boden reichendem Dach, dürfte es wie eine zeltartige Hütte ausgesehen haben. Der größere »Sechs-Pfosten-Bau« besaß Wände und das Dach ruhte auf dem Wandrahmen. Diese Nebengebäude dienten verschiedensten Verwendungsmöglichkeiten: wohl weniger zu Wohnzwecken (was aber nicht völlig ausgeschlossen werden kann), sondern vorzugsweise als Vorrats- und Arbeitsräume. Die kellerartige Eintiefung dürfte ein gleichmäßig kühles und feuchtes Klima beschert haben, günstig auch für längerfristige Lagerung. Hier sind wohl auch die in den Volksrechten dann öfter genannten *genicia* (»Frauenarbeitshäuser«) oder *screonae* (»Webhütten«) zu suchen, wo Spinnen und Weben als typische Frauenarbeiten betrieben wurden.

Sowohl die großen ebenerdigen Häuser wie zuweilen auch die Grubenhäuser haben Feuerstellen hinterlassen. Wohl erst im Verlauf der Merowingerzeit wurde ein eigener, abgetrennter Raum als Küche genutzt. Die Feuerstellen – manchmal auf ebener Erde oder auf einer Unterlage aus flachen Steinen, manchmal auch aufwendiger in einer gemauerten Umfassung angelegt – dienten nicht nur dem Kochen, sondern auch dem Heizen und der Beleuchtung (neben Fackeln und Kerzen). Der Rauchabzug erfolgte wohl durch die Tür; ob es schon früh einen speziell konstruierten Rauchfang gab, ist umstritten.

Schon die *Lex Salica* bezeugt die Existenz von Brunnen (*poteus*)[10], die auch archäologisch nachgewiesen sind. An Sondergebäuden konnten vorhanden sein ein Bienenhaus und ein Backhaus. Etwas abseits von der Hofanlage lag – wenn vorhanden – die feuergefährliche Schmiede. Und auch die Mühle, die natürlich fließendes Gewässer zum Antrieb benötigte, lag meist entfernt; nach der *Lex Salica* wird derjenige, »der den Weg, der zur Wassermühle führt, versperrt«, mit einer hohen Bußzahlung bestraft[11].

Mehrere solcher Hofanlagen bildeten das Dorf, das dann in der Merowingerzeit die bevorzugte Siedlungsform darstellen sollte. Die Verteilung der einzelnen Gebäude wirkt auf den ersten Blick regellos; aber es scheint doch eine Gemeinsamkeit gegeben zu haben: ihre überwiegend gleichartige Ausrichtung mit der Schmalseite zur Hauptwindrichtung (wenn das aufgrund der Topographie möglich war). Die Bauten waren sicher nicht dauerhaft stabil und mussten trotz Ausbesserungen manchmal aufgegeben werden; dann

> »errichtete man den Neubau in aller Regel irgendwo daneben und benutzte den Altbau einstweilen noch weiter, bis er dann schließlich systematisch abgebaut und in seinen Einzelteilen wiederverwendet wurde«[12]

– auch Holz war schließlich ein wertvoller Baustoff.

Außerhalb des engeren Siedlungsbereiches schlossen sich die Wirtschaftsflächen an: Felder, Weiden und Wiesen, gegebenenfalls Weinberge. Ebenso wie die Hofstellen dürften die Felder in aller Regel durch Zäune oder Verhaue eingefriedet gewesen sein, zum Schutz vor Schäden durch Wild und Weidevieh.

5.3 Die Landwirtschaft

Die Landwirtschaft bildete für die Franken die wichtigste Existenzgrundlage, und das gilt bekanntlich noch weithin im Mittelalter, als immer noch weit über 90 % der Bevölkerung agrarisch tätig war. Das spiegelt sich auch in der Sprache der Quellen: Die *Lex Salica* kennt trotz ihrer vielen Aussagen zur landwirtschaftlichen Tätigkeit keine Bezeichnung für »Bauer«. Und noch das mittelhochdeutsche *gebure* bezeichnete den Mitbewohner des Hauses (*bur*; vgl. noch heute den »Vogelbauer«), den Nachbarn oder den Dorfgenossen; auch die ja durchaus vorhandenen lateinischen Termini *agricola* und *rusticus* finden sich kaum in den frühen Quellen. Beim Versuch, die lateinischen Begriffe ins Althochdeutsche zu übertragen, boten die Glossen (Übersetzungsgleichungen) umständliche Umschreibungen wie *ackarbigengo, lantbûant, ackerman*. Die Bauern als Stand oder Berufsgruppe gab es noch nicht, also bedurfte es auch keines einheitlichen Begriffs – war doch praktisch jeder Bauer.

Für die Fragen der landwirtschaftlichen Tätigkeit und ihrer Erzeugnisse und damit indirekt der Ernährung kann die Archäologie nur sehr beschränkte Erkenntnisse beisteuern: Das sind die insgesamt seltenen Funde von eisernen Werkzeugen (Pflugscharen, Sicheln, Sensen, Spatenblätter, Winzermesser), Tierknochen, erschlossene Ackerflurformen, schließlich – von zunehmender Bedeutung – die Paläobotanik (Untersuchung fossiler Pflanzenreste, Pollendiagramme u. ä.).

Seit längerem verfestigt sich die Vorstellung von einem starken Überwiegen der Viehzucht gegenüber dem Anbau von Nutzpflanzen, zumindest bis zur Mitte des Jahrtausends. Die Knochenfunde erlauben Aussagen über die Größe der Tiere: Sie waren eher kleinwüchsig und von geringerem Gewicht. Bei den Rindern kann man auf eine ungefähre Risthöhe von 1,20 m und ein Gewicht von unter 300 kg schließen. Auch die Pferde mit einer Höhe bis 1,40 m dürften eine geringere Leistungsfähigkeit gehabt haben. Man wird an Tacitus' Aussage in seiner *Germania* erinnert:

das Land »ist reich an kleinwüchsigem Vieh. Nicht einmal die Rinder haben einen zierenden und rühmlichen Stirn(schmuck): Man erfreut sich an ihrer Zahl, und sie bilden den einzigen und beliebtesten Reichtum«[13].

Das Überwiegen der Viehzucht findet seine Bestätigung in der *Lex Salica*. Allein neun von 65 Titeln des *Pactus* handeln von Vieh- und Tierdiebstählen; davon stehen sieben gleich am Beginn des Rechtsbuchs (nach einem ersten Titel zur Gerichtsladung). Der ausführlichste Titel mit 25 Absätzen gilt den Schweinediebstählen, der eine differenzierte »Schweineterminologie« enthält. Abgestufte Bußgelder werden für den Diebstahl von »saugenden Ferkeln«, »Ferkeln vom Felde«, einjährigen bzw. zweijährigen Schweinen, Mutterschweinen, Ebern und Borgschweinen (kastrierten männlichen Schweinen) festgesetzt. Als Herdengrößen werden 25 und 50 Stück genannt[14]. In anderen Volksrechten ist der Schweinehirt vor Rinder-, Ziegen- und Zugtierhirten hervorgehoben, etwa durch ein höheres Wergeld (Totschlagsbuße). Noch für das ganze Mittelalter stellte das Schwein den wichtigsten Fleisch- und Fettlieferanten dar.

Mit sieben Absätzen auch noch recht ausführlich folgt der Titel »Von Rinderdiebstählen«; auch hier differieren die Bußgelder für den Diebstahl von einem saugenden Kalb, einem ein- oder zweijährigen Rind, einem Ochsen, einer Kuh, die bereits gekalbt hat, und einem Stier. Als Herdengröße wird zwölf Stück genannt[15]. Wenn der Text das Rind mit dem allgemeinen Terminus *animal* (»Tier, Vieh«) bezeichnet, spiegelt das die große Bedeutung des Rindes als Nutztier, aber auch als Lieferant von Fleisch, Milch, Milchprodukten und Leder – auch das gilt für das weitere Mittelalter und darüber hinaus.

Den Schafdiebstählen widmet sich der folgende Titel mit der Unterscheidung von saugendem Lamm, ein- oder zweijährigem Hammel und dem Diebstahl einer ganzen Herde (40 Stück); letzterer wird mit einer Summe von 62½ Schillingen gebüßt, die gleiche Buße wie für eine 12-köpfige Rinderherde[16]. Schafe, anspruchslos in der Haltung, liefern weit über unsere Epoche hinaus den wichtigsten Rohstoff für die Herstellung von Textilien, die Wolle. Aber auch als Fleisch- und Milchproduzenten spielen sie eine große Rolle.

Schließlich regelt noch ein knapper Titel die Ziegendiebstähle, die mit einem deutlich geringeren Bußgeld gesühnt werden: Drei gestohlene Ziegen »kosten« drei Schillinge; die gleiche Summe zahlt schon der Dieb eines einzigen Hammels[17]. Darin dürfte sich auch die geringere Bedeutung der Ziegen für die Landwirtschaft widerspiegeln, obwohl ja auch sie Milch und Fleisch sowie Rohstoffe wie Fell, Leder und Horn lieferten und ebenso wie Schafe mit geringem Aufwand zu halten waren.

Dass Hausgeflügel gehalten wurde, steht fest; auf jeden Fall Hühner wegen der Eier und Gänse: Aus manchen Gräbern wurden Eierschalen und Hühnerknochen geborgen. Der *Pactus* enthält auch einen Titel »Von Vogeldiebstählen«, der allerdings nur drei Absätze zu Falken, die für die Jagd gebraucht wurden, und einen zu den Gänsen bietet. Der Gänsedieb büßte seine Tat mit drei Schillingen[18].

Da Honig im früheren Mittelalter das einzige Mittel zum Süßen von Speisen und Getränken darstellte, war Bienenhaltung ein wichtiger Zweig der Landwirtschaft. Von daher überrascht es nicht, dass die Volksrechte Bienendiebstahl mit hohen Bußzahlungen belegen, so auch der *Pactus*: Der Diebstahl »eines Bienenkorbs aus verschlossenem Raum, der ein Dach darüber hat«, wird mit 45 Schillingen geahndet; »mehrere, bis zu sechs, nicht überdachte Bienenkörbe« zu stehlen wird mit 15 Schillingen gebüßt (überdachte und eingehegte Bienenstöcke gehörten zum Hausfriedensbereich)[19].

Als Last- und Saumtier diente neben Ochsen auch das Pferd, und wenn auch die Pferdezucht noch nicht die große Bedeutung wie dann seit der Karolingerzeit besaß, wird sie doch schon erwähnt. Ein ausführlicher Titel des *Pactus* widmet sich dem »Diebstahl von Pferden und Stuten«, in dem als erstes der *caballus carrucaricius*, ein »Wagenpferd« genannt wird, dessen hoher Wert sich in der beträchtlichen Bußsumme von 45 Schillingen spiegelt. Die folgenden Absätze nennen dann den Hengst, den »Hengst mit seiner Herde, d. h. 12 Stuten«, die »trächtige Stute«, das »einjährige Fohlen« und das »mutterfolgende Fohlen«[20].

Dass zum Zusammenhalten und zum Schutz der Viehherden nicht nur Hirten, sondern auch ein Hirtenhund diente, zeigt die Erwähnung eines *canis pastoricialis* in einem *Pactus*-Titel »Von Hundediebstählen«, neben einem Leitjagdhund (*sigusius canis magister*) und einem Kettenhund (*canis qui legamine novit*)[21].

Aus einem der längsten Titel des *Pactus*, einer etwas bunten Zusammenstellung »Von verschiedenen Diebstählen«, erfahren wir auch einiges über den Anbau von Nutzpflanzen. So soll derjenige bestraft werden, der sein Vieh zum Zwecke des Diebstahls in das erntereife Getreidefeld eines anderen treibt, oder auch der, der »eines anderen Feld wider den Willen seines Eigentümers pflügt« oder es besät[22]. Nach paläobotanischen Untersuchungen fossiler Körner scheinen bis ins 6. Jahrhundert vor allem Weizenarten und Gerste, in geringerem Maße Roggen und Hafer angebaut worden zu sein. Bußen werden auch festgesetzt für das »diebische Eindringen« (*in furtum ingressus*) »in ein Rüben-, Erbsen- oder Linsenfeld«[23]. Den hohen Wert von Heu zeigt die Bestimmung, nach der das Mähen einer fremden Wiese und der anschließende Abtransport des Mähgutes mit 45 Schillingen belegt wird[24]. Auch Diebstahl bei der Weinlese und im Flachsfeld werden erwähnt[25]; Flachs diente zur Leinenherstellung, aber auch zur Ölgewinnung. Öl wurde ansonsten aus Rüben, Raps oder aus Bucheckern gepresst. Zumindest in den westlichen und südlichen Regionen dürfte der Import von Olivenöl angedauert haben.

Über den Fischfang erfahren wir nicht viel; wir können aber davon ausgehen, dass nicht nur in küstennahen Siedlungen Seefische gewonnen wurden, sondern auch in Binnengewässern gefischt wurde. Der *Pactus* droht dem Dieb »einer Reuse zum Aalfang aus dem Flusse« eine Buße von 45 Schillingen an. Und der folgende Absatz nennt drei unterschiedliche Typen von Fischernetzen, deren Diebstahl geahndet wird[26].

In reicheren Grabausstattungen haben die Archäologen zwar häufig Knochen verschiedener Wildtiere gefunden, die Jagd war aber wie in der Folgezeit ein Privileg höherer Schichten und dürfte für den Speisezettel der breiten Masse der Bevölkerung kaum eine Rolle gespielt haben. Immerhin: Der *Pactus* widmet dem Jagddiebstahl einen eigenen Titel mit der gleichen Strafbuße wie beim Fischfang (45 Schillinge); ausdrücklich heißt es: »Dieses Gesetz ist bei Jagden und Fischfang zu beachten«. Als konkreter Einzeltatbestand wird nur genannt der Diebstahl »eines zahmen, gezeichneten Hirsches, der für die Jagd abgerichtet ist« bzw. – mit geringerer Buße – »irgendeines anderen zahmen Hirsches, der noch nicht zur Jagd war«[27].

Dass alle diese Aussagen nicht generell für die frühen Franken gelten, sondern immer mit landschaftlichen Unterschieden gerechnet werden muss, versteht sich von selbst. Ein umfassendes, allgemeingültiges Bild der Landwirtschaft und Ernährung dieser Zeit ist aus den kargen schriftlichen Quellen und den vereinzelten Funden der Archäologen nicht zu gewinnen.

5.4 Zur Alltagskultur der Franken

So reich die Quellen für die merowingische Kultur fließen – Margarete Weidemann konnte eine fast ausschließlich auf den Werken Gregors von Tours beruhende zweibändige »Kulturgeschichte der Merowingerzeit« verfassen –, so spärlich sind sie für die frühen Franken. Immerhin werfen ab und zu einzelne Quellenstellen wenigstens Schlaglichter auf ihre Sitten und Gebräuche. Sidonius Apollinaris berichtet von einem fränkischen Angriff auf das Artois und dessen Abwehr durch die Römer unter Maiorian (wohl nach 446 zu datieren; vgl. S. 79f.); dabei stießen sie in der Nähe des *vicus Helena* auf eine fränkische Hochzeitsgesellschaft.

»Zufällig kam der Echoklang eines barbarischen Hochzeitsliedes von einem Hügel, nahe am Flussufer, mit skythischem [bei

Sidonius Synonym für *barbaricus*] Tanz und Chor heiratete ein gelbhaariger Bräutigam eine jüngere Frau von gleicher Farbe.« »Diese Zechbrüder« streckte Maiorian nieder, »bis der Feind den Rücken zur Flucht wandte; dann konnte man die durcheinandergeworfenen barbarischen Hochzeitsschmuck rot glänzend in den Wagen sehen, und die erbeuteten Teller und Lebensmittel flogen durcheinander, und Diener, bekränzt mit parfümierten Girlanden, trugen Weingefäße auf ihren öligen Haarknoten.«

Der Dichter Sidonius überhöht poetisch den römischen Sieg: »Umgehend erhebt sich Mars grimmiger und die feuriger glühende Kriegsgöttin (*plus ardens Bellona*) zerbricht die Hochzeitsfackeln«[28].

Ob Sidonius hier wirklich als Augenzeuge beschreibt, bleibt unklar; an einer Stelle schränkt er selbst ein: »wie man sagt (*ut perhibent*)«. Mit Sicherheit aus eigener Anschauung schildert er in einem Brief den Hochzeitszug des fränkischen (sehr wahrscheinlich rheinfränkischen) Prinzen Sigismer, der vor 469 in Lyon eine burgundische Prinzessin heiratete (s. S. 97). Begeistert lässt er seinen Briefpartner Domnicius an dem farbenprächtigen Ereignis teilhaben:

»Du, dem es ergötzlich ist, oft Waffen und Bewaffnete anzuschauen, welche Wonne, glaube ich, hättest du gefühlt, wenn du den jungen Prinzen Sigismer gesehen hättest, geschmückt in Kleidung nach Art und Weise seines Volkes [...]. Ein festlich geschmücktes Pferd ging ihm voraus; andere Pferde, beladen mit funkelnden Edelsteinen, gingen voran und folgten ihm. Aber der schönste Anblick in dieser Prozession war der Prinz selbst, der zu Fuß mitten unter seinen Läufern und Reitern einherschritt, gekleidet in einen scharlachroten Mantel, funkelnd vor Gold und glänzend vom Weiß seiner seidenen Tunika, während sein gepflegtes Haar, seine rötlichen Wangen und seine weiße Haut den Farben dieser reichen Kleidung entsprachen.«

Auch das vornehme Gefolge des Prinzen würdigt Sidonius einer detaillierten Beschreibung:

»Was aber die Fürsten (*regulorum!*) und Gefolgsleute betrifft, die ihn begleiteten, so gewährten sie sogar in Friedenszeiten einen furchterregenden Anblick. Ihre Füße waren bis zum Knöchel in Schuhe aus Fell eingeschnürt; die Knie, Unterschenkel und Waden waren nicht bedeckt. Darüber schloss sich eine eng anliegende bunte Bekleidung an, hochgerafft, die kaum bis zu den nackten Kniekehlen hinunterreichte; die Ärmel bedeckten gerade den oberen Teil der Arme. Ihre grünen Mäntel trugen dunkelrote Borten. Ihre Schwerter hingen in Wehrgehängen von der Schulter herab und drückten gegen die Taille, die von einem Gürtel aus Leder, mit Nägeln verziert, umgeben war.«

Und schließlich geht Sidonius noch genauer auf die Waffen ein, wobei Hakenlanzen und Wurfäxte auch in anderen Quellen als gefährliche Waffen der Franken genannt werden und auch archäologisch nachgewiesen sind:

»Diese Ausrüstung schmückte und schützte sie zugleich. Lanzen mit Widerhaken und Wurfäxte lagen in ihren rechten Händen; ihre linken Hüften waren mit Schilden geschützt, deren Glanz – silberweiß an den Rändern, goldgelb an den Schildbuckeln in der Mitte – sowohl den Reichtum als auch die Leidenschaft ihrer Träger verriet.«

Und wieder beschließt der gebildete Dichter seine Schilderung mit einem poetischen Bild: »Der ganze Eindruck war so, dass sich in dem Hochzeitsschauspiel nicht weniger das Gepränge des Mars als der Venus zeigte«[29].

Deutliche Parallelen zeigt die ebenso detailreiche Beschreibung der von Maiorian »bezähmten Ungeheuer« im eingangs zitierten Panegyricus, kurz nach der fränkischen Hochzeitsfeier beim *vicus Helena*; wenn auch nicht ausdrücklich benannt, können hier wohl nur Franken gemeint sein. Da wir außer Sidonius kein anderes zeitgenössisches Zeugnis mit genaueren Angaben zum Aussehen der Franken besitzen, sei auch diese Stelle ausführlich zitiert:

»Dieser [Maiorian] bezähmt auch die Ungeheuer, deren blondes Haar vom Scheitel des Kopfes in die Stirn fällt, während ihr entblößter Nacken glänzt, da er seine Bedeckung verloren hat [anders als ihre langhaarigen Könige, die *reges criniti*!]. Ihre Augen sind wasserhell mit graublauem Schimmer. Ihre Gesichter sind glatt rasiert, und anstelle von Bärten tragen sie dünne Schnurrbärte, die sie mit dem Kamm pflegen. Eng sitzende Bekleidung umschließt die schlanken Glieder der Männer; sie ist hochgerafft, so dass man die Knie sieht; ein breiter Gürtel umschließt ihre enge Taille.«

Und dann folgt wieder das – schon fast toposhaft gewordene (s. S. 12) – Bild vom mutigen, wilden, kampflustigen Franken:

> »Sie haben Freude daran, durch den weiten Raum die Doppeläxte zu schleudern und vorher zu wissen, wo sie niederfallen werden, ihre Schilde zu schwingen und in Sprüngen die geworfenen Speere zu überholen, damit sie zuerst den Feind erreichen. In Knabenjahren schon reift ihre Liebe zum Krieg heran. Werden sie überwunden durch die Übermacht der Feinde oder durch die Ungunst des Ortes, überwältigt jene der Tod, aber nicht die Furcht. Unbesiegt stehen sie standhaft, und ihr Mut überdauert fast noch ihr Leben«[30].

Wie wir uns den einfachen »Durchschnittsfranken« gekleidet vorzustellen haben, lässt sich nur ansatzweise klären. Immerhin haben die Archäologen aus vereinzelt erhaltenen, oft winzigen Stoffresten als Hauptmaterialien Leinen und Schafwolle festgestellt (was zu den Angaben des *Pactus legis Salicae* passt). Reich überliefert sind in den Grabfunden Reste von Ledergürteln; wenn auch das Leder meist vergangen ist, sind die Schnallen und Beschläge aus Metall gut erhalten. »Die gute Quellenlage erlaubt es, die Gürtel auch in ihrer zeitlichen Entwicklung detailliert zu verfolgen«[31]. Die breiten Militärgürtel der Spätantike mit Schnallen und Beschlägen aus Bronze wichen dann schlichteren Formen aus einheimischer Produktion, die nur noch Schnallen ohne weitere Beschläge aufweisen. Auch die Breite der Gürtel nahm ab, von 7–10 cm im frühen 5. Jahrhundert bis unter 3 cm am Jahrhundertende. Auch Lederreste von Schuhen wurden geborgen; es waren

> »einfache, aus einem Lederstück geschnittene Bundschuhe, die mit einem oder zwei Riemen zusammengezogen, dann sich kreuzend auch über die Wadenbinden geschlungen und unterhalb des Knies verknüpft oder mit einer Schnalle geschlossen wurden«[32].

Die Analyse des archäologischen Fundgutes und der wenigen schriftlichen Zeugnisse lässt als Grundbestandteile der männlichen Kleidung eine eng anliegende Hose, Wadenbinden,

Bundschuhe, ein knapp knielanges Obergewand mit langen Ärmeln (*tunica*) und einen Ledergürtel erkennen. Dazu konnte ein ärmelloser, im Rücken tief herabreichender Überwurf als Mantel dienen. Auch im römischen Reich der Spätantike waren Hosen, Tunika und Mantel alltägliche Kleidungsstücke; die Bundschuhe und Wadenbinden waren den Germanen eigentümlich.

Noch weniger ist den Schriftquellen für die Frauentracht zu entnehmen; dafür bieten die Grabfunde hier eine große Fülle von Schmuck- und Trachtbestandteilen, insbesondere Fibeln. Diese Broschen, die dazu dienten, ein Gewand zu schließen oder etwas festzustecken, sind in verschiedensten Spielarten überliefert, die auch zeitlich einen Wandel der Fibelmoden erkennen lassen. Mit aller Vorsicht hat man daraus Hinweise auf die zugehörigen Kleidungsstücke erschlossen.

> »Vor der Merowingerzeit [...] trugen die germanischen Frauen Fibelpaare auf den Schultern. Das zugehörige Gewand wurde aus einem rechteckigen Stück Stoff, wie er vom Webstuhl kam, an der Seite zusammengenäht und auf den Schultern von den beiden Fibeln zusammengesteckt«[33].

Offensichtlich die Schulterfibeln überlagernd, fand sich häufig eine weitere Fibel oder ein zusätzliches Fibelpaar; man nimmt an, dass damit ein mantelartiger Umhang oder ein Schultertuch verschlossen wurde. Seit der zweiten Hälfte des 5. Jahrhunderts scheinen die fränkischen Frauen im Westen (auf römischem Reichsgebiet) den Schnitt der römischen Tunika übernommen zu haben. Da diese auf den Schultern zusammengenäht war, wurden dort die Fibeln überflüssig; ein Gürtel in der Taille oder über den Hüften hielt sie zusammen (Gürtelschnallen sind zahlreich erhalten).

Dennoch fanden sich weiterhin zahlreiche Kleinfibeln in den Gräbern, die zur Befestigung von Gehängen dienten, an denen praktische Geräte wie Messer, Schere, Kamm, Schlüssel oder auch unheilabwehrende Amulette hingen. Die oft sehr kunstvolle Gestaltung dieser Kleinfibeln deutet darauf hin, dass sie eben auch als Schmuck getragen wurden. Die aus Leder gefertigten Schuhe dürften sich in der Form kaum von den Bundschuhen der Männer unterschieden haben.

Den häufig in Gräbern gefundenen Haarnadeln und ihrer unterschiedlichen Lage am Kopf der Toten hat man verschiedene Möglichkeiten des Hochsteckens der Haare entnehmen wollen, nämlich »dass die Haarflechten als Kranzfrisur über den Ohren gehalten wurden, als Flechte bis zum Scheitel hochgezogen oder als Knoten am Hinterkopf befestigt wurden«[34].

Auch für die Frauen erlauben die archäologischen Zeugnisse also wenigstens eine grobe Vorstellung ihrer Kleidung und Ausstattung, wobei natürlich der Wert der verwendeten Materialien (von Bronze bis Silber und Gold, von Glasperlen bis zu Almandineinlagen) und die unterschiedlich aufwendige künstlerische Gestaltung (vor allem der Fibeln) – wie auch bei den Männern – eine große Bandbreite aufweisen, die mit aller Vorsicht Rückschlüsse auf den sozialen Rang der Bestatteten erlauben.

6 Schluss: Ein auserwähltes Volk?

»Der Franken erlauchtes Volk (*gens Francorum inclita*), durch Gott den Schöpfer begründet, tapfer in Waffen, fest im Friedensbund, tiefgründig im Rat, körperlich edel, von unversehrter Reinheit, erlesener Gestalt, kühn, rasch und ungestüm, jüngst zum katholischen Glauben bekehrt, frei von Ketzerei, suchte – während es noch am heidnischen Brauch festhielt – auf Eingebung Gottes nach dem Schlüssel der Weisheit, strebte gemäß dem Grad seiner Sitten nach Gerechtigkeit, bewahrte Frömmigkeit«[1].

Mit diesen Worten beginnt der »Lange Prolog« der *Lex Salica*, wohl in der Zeit König Pippins aufgezeichnet. Aber nicht erst die christianisierten Franken wurden als *gens inclita* gerühmt; bereits das heidnische Volk erfuhr spätestens im 7. Jahrhundert die rühmende Auszeichnung einer mythischen Abstammung von den Trojanern.

Der schon eingangs im Zusammenhang mit dem Frankennamen erwähnte Troja-Mythos ist erstmals in der Fredegar-Chronik überliefert. Im zweiten Buch berichtet der Chronist vom Trojanischen Krieg und behandelt in dem Zusammenhang die Herkunft der Franken. Ihr erster König sei Priamus gewesen, sein Nachfolger ein gewisser Friga. Aeneas und Friga seien Brüder gewesen: Aeneas als Begründer des *regnum Latinorum*, Friga als Schöpfer des *regnum Frigorum*, d.h. der Phryger. Eine erste Gruppe habe sich abgespalten und sei nach Makedonien gezogen; die Übrigen seien aus Phrygien nach Europa abgewandert unter Führung eines Francio, den sie zum König erwählt hätten; nach diesem wurden sie Franken genannt. Auf der Wanderung spaltete sich nochmals eine Gruppe ab, die sich nach ihrem zum König erhobenen Führer Torquotus *Torqui* (Türken) nannte; sie blieb »am Ufer des

Donauflusses zwischen Ozean und Thracien« zurück. Die Franken aber ließen sich in Europa zwischen Rhein, Donau und Meer nieder[2]. Über Troja werden sie vom Chronisten in Beziehung gesetzt zu den Makedonen, den Römern (*Latini*) und den Türken, also universalgeschichtlich eingeordnet.

Im dritten Buch der Fredegarchronik wird die *origo Francorum* erneut aufgegriffen, vorrangig unter der Fragestellung nach ihren ältesten Königen. Der Autor »hat die Erzählung gestrafft, die Angaben über die neue Heimat präzisiert, die *Origo* an die *Historiae* Gregors angeschlossen und das Ganze genealogisch strukturiert«[3].

> »Die Franken durchwanderten Europa und besetzten mit ihren Frauen und Kindern das Ufer des Rheins; nicht weit vom Rhein versuchten sie, eine Stadt zu erbauen, die sie nach Troja benannten«[4].

Dass damit Xanten, die *Colonia Ulpia Traiana* (verballhornt zu *Troiana*) gemeint ist, gilt seit langem als sicher. Hier lag also ein ganz konkreter, topographisch zu bestimmender Bezug für die Beziehung zu den Trojanern vor, die »für die Franken auf jeden Fall prestigeträchtig war«[5].

Der Autor der Fredegar-Chronik hat die trojanische Herkunft der Franken sicher nicht erfunden; begegnet sie doch auch anderwärts in grundverschiedener Fassung. Der um 727 entstandene *Liber historiae Francorum*, der eine Darstellung der fränkischen Geschichte bis zu diesem Zeitpunkt bietet, versucht keine Einordnung der Franken in den Rahmen der allgemeinen Weltgeschichte, sondern will »den Anfang, die Herkunft und die Taten der Frankenkönige und ihrer Völker erzählen«[6]. Die Herkunftserzählung besteht aus zwei nur lose verbundenen Teilen. Sie beginnt mit dem Trojanischen Krieg und der Flucht des Aeneas nach Italien, wo er »seine Leute zum Kampf ansiedelte«. Andere *principes*, Priamus und Antenor, nahmen einen anderen Weg; sie »verluden das restliche zwölftausend Mann starke Heer der Trojaner auf Schiffe« und fuhren zum Don und in die Maeotis (die Asowschen Sümpfe, die traditionelle Grenze zwischen Asien und Europa).

»Schließlich kamen sie nach Pannonien und erbauten eine Stadt, der sie in Erinnerung an ihre Vorfahren den Namen *Sicambria* gaben; dort wohnten sie viele Jahre und wurden ein großes Volk«[7].

Wie schon Fredegars Bericht über die Gründung des niederrheinischen Troja steht auch diese Erzählung in einer Traditionslinie; zahlreiche antike Sagen berichten über Städtegründungen flüchtiger Trojaner auf ihrer Suche nach einer neuen Heimat. Dass die Franken aus Pannonien kamen, konnte der Autor des *Liber* bei dem von ihm kräftig ausgeschriebenen Gregor von Tours lesen; auch den längst untergegangenen Stammesnamen der *Sugambri* mag er aus Gregor haben, der ihn allerdings nur für Chlodwig anlässlich seiner Taufe verwendet (s. S. 29). Dass es eine *civitas Sicambria* gegeben hat, erscheint mehr als fraglich. Ewig hat darauf hingewiesen, dass der byzantinische Autor Johannes Lydos (Mitte des 6. Jahrhunderts) behauptet, die nach Francio benannten Franken hätten ursprünglich den Sigambrernamen geführt; es muss also wohl eine Sigambrertradition in der Überlieferung weitergewirkt haben[8].

Das zweite Kapitel des *Liber* erweckt mit den einleitenden Worten »In jener Zeit« den Eindruck, unmittelbar anschließende Ereignisse zu berichten; mit der Nennung Kaiser Valentinians (II.) werden aber anderthalb Jahrtausende übersprungen! Die Trojaner saßen angeblich immer noch mit Priamus und Antenor in Pannonien, jetzt offenbar als reichsangehörige *gens*. Sie unterstützten den Kaiser bei der Vertreibung der »schrecklichen, bösen *gens* der Alanen« und wurden daraufhin mit einem Steuererlass auf zehn Jahre belohnt. Und dann folgt die schon eingangs zitierte Stelle über die Verleihung des »griechischen« Ehrennamens Franken:

»Damals gab ihnen Kaiser Valentinian aufgrund ihrer unbeugsamen Verwegenheit den Namen Franken, was in der attischen Sprache soviel wie ›die Wilden‹ heißt«[9].

Aus den Trojanern waren Franken geworden.

Die ehrenvolle Herleitung des eigenen Volkes von Troja sollte nicht vergessen werden; dazu hat sicher der im ganzen

Mittelalter stark verbreitete *Liber* beigetragen. Die Trojafabel begegnet denn auch das ganze Mittelater hindurch, ja bis in die Neuzeit. Zwar haben die Merowinger keine trojanischen Namen aufgegriffen, aber am Hof Karls des Großen hat Paulus Diaconus den Namen Ansegisel, den Sohn Arnulfs von Metz und damit einen Vorfahren des Kaisers, von Anchises, dem Vater des Aeneas, hergeleitet. Erklärend fügt er hinzu: »Denn die *gens Francorum* nimmt, wie von den Alten überliefert ist, von der Trojanischen Sippe ihren Ursprung«[10]. Und der Hofdichter Hibernicus Exul legte um 790 dem König selbst die Beschwörung dieser glorreichen Abstammung in den Mund: »Oh königliches Geschlecht, von den hohen Mauern Trojas herrührend«[11]. Schon in Königsgenealogien des 9. Jahrhunderts begegnen trojanische Vorfahren der Frankenkönige, und diese Tradition sollte das ganze Mittelalter überdauern. Die Könige von Frankreich beanspruchten, unmittelbare Nachkommen der Trojaner zu sein; noch Franz I. (1515–1547) behauptete voll Stolz, der 64. Nachkomme Hektors zu sein[12]. Aber auch die Herrscher im römisch-deutschen Reich wurden zuweilen als Nachkommen der Trojaner dargestellt; »noch Maximilian I. war eifrig bestrebt, den Königen von Frankreich auch in ihrer trojanischen Abkunft zu gleichen«[13].

Auch Xanten als neues Troja (*colonia Troiana*) geriet nicht in Vergessenheit – sowohl in Dichtung und Geschichtsschreibung[14] wie auch urkundlich. Ein 1047 in Xanten ausgestelltes Originaldiplom Heinrichs III. vermerkt *actum Troiae quod et Sanctum dicitur*[15]; und der Kölner Erzbischof Hermann II. (1036–1056) ließ Münzen schlagen mit dem Bild der Xantener Kirche und der Unterschrift *SCA TROIA* (*Sancta Troia*)[16].

Anmerkungen

Kapitel 1 Name, Volk und Land der Franken

1 Isidor, Etymologiae IX,2,101.
2 Fredegar II,5; ähnlich III,2.
3 Johannes Lydos III,56.
4 Historia Brittonum c.17.
5 Germanen in der Völkerwanderung I, S. 143.
6 Germanen in der Völkerwanderung I, S. 181.
7 Germanen in der Völkerwanderung I, S. 183.
8 Germanen in der Völkerwanderung I, S. 193.
9 Ebd.
10 Liber historiae Francorum c.2.
11 Origo Francorum, S. 528.
12 Ermoldus Nigellus I v. 378 f.
13 Germanen in der Völkerwanderung I, S. 147.
14 Germanen in der Völkerwanderung I, S. 179.
15 Germanen in der Völkerwanderung II, S. 493.
16 Germanen in der Völkerwanderung II, S. 503.
17 Germanen in der Völkerwanderung I, S. 156.
18 Germanen in der Völkerwanderung I, S. 73.
19 Germanen in der Völkerwanderung I, S. 179/81.
20 Germanen in der Völkerwanderung I, S. 183.
21 Germanen in der Völkerwanderung I, S. 191.
22 Germanen in der Völkerwanderung I, S. 190.
23 Germanen in der Völkerwanderung I, S. 263/65.
24 Germanen in der Völkerwanderung I, S. 281.
25 Germanen in der Völkerwanderung I, S. 291.
26 Germanen in der Völkerwanderung I, S. 305.
27 Germanen in der Völkerwanderung II, S. 215.
28 Germanen in der Völkerwanderung II, S. 217.
29 Historiae II,9.
30 Pohl, Völkerwanderung, S. 166 Anm. 69.
31 Altes Germanien II, S. 167.
32 Grahn-Hoek, Salii, S. 36.

33 Altes Germanien I, S. 91.
34 von Petrikovits, Altertum, S. 585.
35 Germania c. 33: Altes Germanien I, S. 155.
36 Germanen in der Völkerwanderung II, S. 213.
37 Germanen in der Völkerwanderung I, S. 171.
38 Germanen in der Völkerwanderung I, S. 171/73.
39 Germanen in der Völkerwanderung I, S. 173.
40 Germanen in der Völkerwanderung I, S. 175.
41 CIL 8502: Germanen in der Völkerwanderung I, S. 175 Anm. 204.
42 Beda V,11.
43 Springer, Sachsen, S. 117f.
44 Altes Germanien I, S. 93.
45 Altes Germanien I, S. 95.
46 Altes Germanien II, S. 167.
47 Germanen in der Völkerwanderung I, S. 110 Anm. 1.
48 Germanen in der Völkerwanderung II, S. 490 Anm. 338.
49 Historiae II,9.
50 Altes Germanien I, S. 93.
51 Altes Germanien II, S. 39.
52 von Petrikovits, Altertum, S. 392.
53 Germanen in der Völkerwanderung I, S. 305.
54 Germanen in der Völkerwanderung I, S. 265.
55 Germanen in der Völkerwanderung I, S. 281.
56 Germanen in der Völkerwanderung I, S. 291.
57 Ewig, Franken und Rom, S. 11 Anm. 60.
58 Germanen in der Völkerwanderung I, S. 295; 311.
59 Germanen in der Völkerwanderung I, S. 281.
60 Germanen in der Völkerwanderung I, S. 311.
61 Not. Dign. Oc. VII,129; Oc. VII,67; Or. XXXI,61.
62 CIL V,8280: Germanen in der Völkerwanderung I, S. 311 Anm. 351.
63 Germanen in der Völkerwanderung II, S. 215.
64 Germanen in der Völkerwanderung II, S. 457.
65 Springer, Salier und Salisches Recht, S. 485.
66 Ebd. S. 487.
67 Ebd.
68 Grahn-Hoek, Salii, S. 13.
69 Heinrichs, Usipeten, S. 576.
70 Historiae II,31.
71 Heinrichs, Sugambrer, S. 127.
72 Altes Germanien I, S. 93.
73 Altes Germanien I, S. 109.
74 Altes Germanien I, S. 115.
75 Altes Germanien I, S. 155.

76 Altes Germanien II, S. 85.
77 Altes Germanien II, S. 241.
78 Quedlinburger Annalen, S. 412.
79 Annalista Saxo ad an. 750.
80 Widukind I,9.
81 Zöllner, Geschichte, S. 4.
82 Ewig, Franken am Rhein, S. 115.
83 Germanen in der Völkerwanderung I, S. 167.
84 Germanen in der Völkerwanderung I, S. 171.
85 Germanen in der Völkerwanderung I, S. 347.
86 Germanen in der Völkerwanderung I, S. 332 Anm. 428.
87 Germanen in der Völkerwanderung I, S. 351.
88 Vita Hilarionis c.22.
89 Germanen in der Völkerwanderung II, S. 213.
90 Ewig, Franken und Rom, S. 13.
91 von Petrikovits, Altertum, S. 169 f.
92 Ewig, Franken und Rom, S. 15.
93 Ament, Franken, S. 388.
94 Reichmann, Frühe Franken, S. 61.

Kapitel 2 Die Nachbarschaft der Franken und Römer bis zum Ende des 4. Jahrhunderts

1 Ewig, Franken und Rom, S. 1.
2 Zosimos I,30: Germanen in der Völkerwanderung I, S. 119.
3 Germanen in der Völkerwanderung I, S. 118 Anm. 38.
4 Germanen in der Völkerwanderung I, S. 73.
5 Germanen in der Völkerwanderung I, S. 125.
6 Runde, Franken und Alemannen, S. 659.
7 Ewig, Franken und Rom, S. 3.
8 Germanen in der Völkerwanderung I, S. 141.
9 Germanen in der Völkerwanderung I, S. 139.
10 Germanen in der Völkerwanderung I, S. 145.
11 Zosimos I,71: Germanen in der Völkerwanderung I, S. 141.
12 Germanen in der Völkerwanderung I, S. 149.
13 Germanen in der Völkerwanderung I, S. 157.
14 Germanen in der Völkerwanderung I, S. 156 Anm. 145.
15 Germanen in der Völkerwanderung I, S. 159.
16 Germanen in der Völkerwanderung I, S. 166.
17 Ewig, Franken und Rom, S. 4.

18 Germanen in der Völkerwanderung I, S. 167.
19 Germanen in der Völkerwanderung I, S. 171.
20 Germanen in der Völkerwanderung I, S. 181.
21 Germanen in der Völkerwanderung I, S. 173.
22 von Petrikovits, Altertum, S. 182.
23 Pirling, Krefeld-Gellep, S. 82.
24 Germanen in der Völkerwanderung I, S. 173.
25 Germanen in der Völkerwanderung I, S. 179.
26 Beisel, Studien, S. 17.
27 Ewig, Franken und Rom, S. 7.
28 Germanen in der Völkerwanderung I, S. 191.
29 von Petrikovits, Altertum, S. 187.
30 Ammianus Marcellinus 15,5,2: Germanen in der Völkerwanderung I, S. 209.
31 Ammianus Marcellinus 15,5,15 f.: Germanen in der Völkerwanderung I, S. 213.
32 Germanen in der Völkerwanderung I, S. 263.
33 Germanen in der Völkerwanderung I, S. 271.
34 Germanen in der Völkerwanderung I, S. 225.
35 Ebd.
36 Germanen in der Völkerwanderung I, S. 279.
37 Germanen in der Völkerwanderung I, S. 281.
38 Ebd.
39 Anton, Franken, S. 416.
40 Germanen in der Völkerwanderung I, S. 299.
41 Beide Zitate in: Germanen in der Völkerwanderung I, S. 305.
42 Germanen in der Völkerwanderung I, S. 308.
43 von Petrikovits, Altertum, S. 226.
44 Ammianus Marcellinus 28,2,1: Germanen in der Völkerwanderung I, S. 335.
45 von Petrikovits, Altertum, S. 210.
46 Not. Dign. Oc. V,39 f. bzw. VII,69 f.
47 Germanen in der Völkerwanderung II, S. 65.
48 Germanen in der Völkerwanderung I, S. 361.
49 Germanen in der Völkerwanderung II, S. 157.
50 von Petrikovits, Altertum, S. 267.
51 Germanen in der Völkerwanderung I, S. 355.
52 Germanen in der Völkerwanderung I, S. 349.
53 Castritius, Mallobaudes, S. 187.
54 von Petrikovits, Altertum, S. 212.
55 Ebd. S. 210.
56 Ebd. S. 268.
57 Historiae II,9; dort auch die folgenden Zitate.

58 Historiae II,9.
59 Ebd.
60 Germanen in der Völkerwanderung II, S. 217.
61 Ewig, Franken und Rom, S. 23.
62 Castritius, Sunno, S. 135.
63 Historiae II,9.
64 Castritius, Sunno, S. 135.
65 Historiae II,9.
66 Ebd.
67 Ebd.
68 Germanen in der Völkerwanderung II, S. 217.
69 Anton, Troja, S. 5.
70 Ebd.
71 Demandt, Anfänge, S. 271.
72 Germanen in der Völkerwanderung I, S. 289/91.
73 Germanen in der Völkerwanderung I, S. 211.

Kapitel 3 Die fränkisch-römischen Beziehungen in der ersten Hälfte des 5. Jahrhunderts

1 Germanen in der Völkerwanderung II, S. 215.
2 Germanen in der Völkerwanderung II, S. 217.
3 Castritius, Völkerlawine, S. 15.
4 Germanen in der Völkerwanderung II, S. 273.
5 von Petrikovits, Altertum, S. 275.
6 Ebd.
7 Germanen in der Völkerwanderung II, S. 279.
8 Historiae II,9. Buchner übersetzt »aus dem nördlichen Gallien«.
9 Germanen in der Völkerwanderung II, S. 371.
10 von Petrikovits, Altertum, S. 276.
11 Historiae II,9.
12 Ewig, Franken und Rom, S. 26.
13 Ebd. S. 29.
14 Historiae II,9.
15 Salvian, De gubernatione VI,89.
16 Oldenstein, Jahrzehnte, S. 110.
17 Historiae II,9.
18 Ewig, Franken und Rom, S. 31.
19 Germanen in der Völkerwanderung II, S. 457.
20 Ebd.
21 Ewig, Probleme, S. 67.

Anmerkungen Kap. 3

22 Germanen in der Völkerwanderung II, S. 403.
23 Germanen in der Völkerwanderung II, S. 473.
24 Merobaudes, Paneg. II,3–5.
25 Ewig, Franken und Rom, S. 31.
26 Salvian, De gubernatione VI,39 ff.
27 Salvian, epistola I,5–6.
28 Sidonius, Paneg. V,210–230.
29 Historiae II,9.
30 Liber historiae Francorum c.5.
31 Fredegar III,9.
32 Germania c. 3,2: Altes Germanien I, S. 129.
33 Historiae II,9.
34 Liber historiae Francorum c.5.
35 Historiae II,9.
36 Liber historiae Francorum c.5.
37 Historiae II,9.
38 Liber historiae Francorum c.5.
39 Fredegar III,9.
40 MGH SS rer. Merov. VII, S. 851.
41 Ewig, Geschichtsbild S. 52.
42 Castritius, Katalaunische Felder S. 329.
43 Historiae II,7.
44 Germanen in der Völkerwanderung II, S. 477.
45 Not. Dign. Oc. XLII.
46 Chronica minora S. 302.
47 Germanen in der Völkerwanderung II, S. 467.
48 Germanen in der Völkerwanderung II, S. 471.
49 Germanen in der Völkerwanderung II, S. 467.
50 Historiae II,6.
51 Germanen in der Völkerwanderung II, S. 479.
52 Historiae II,7.
53 Nur in einem Zusatz zum Liber historiae Francorum c.5 in einer Handschrift des 11. Jahrhunderts.
54 Germanen in der Völkerwanderung II, S. 479.
55 Chronica minora S. 302.
56 Germanen in der Völkerwanderung II, S. 489.
57 Germanen in der Völkerwanderung II, S. 483/85.
58 Germanen in der Völkerwanderung II, S. 469.
59 Castritius, Katalaunische Felder, S. 330.
60 Germanen in der Völkerwanderung II, S. 487.
61 Historiae II,7.
62 Chronica minora S. 302.
63 Liber historiae Francorum c.5.

64 Sidonius, Paneg. VII,372f.
65 Anton, Trier im Übergang, S. 20.
66 Sidonius, Paneg. VII,236f.
67 Sidonius, Paneg. V,212.
68 Fredegar III,7.
69 Liber historiae Francorum c.8.
70 Anton, Trier im Übergang, S. 21.
71 Anton, Franken, S. 418.
72 Sidonius, epistula IV,17.
73 Springer, Riparii, S. 233–260.
74 Cosmographia 4,24–26.
75 Ewig, Franken und Rom, S. 39.
76 Chronica minora S. 302.
77 Ewig, Franken und Rom, S. 33.

Kapitel 4   Der Aufstieg des salfränkischen Königtums

1 Demandt, Spätantike, S. 142.
2 Vössing, Rikimer, S. 634.
3 Kampers, Geschichte, S. 129.
4 Fredegar II,56.
5 Ewig, Merowinger, S. 16.
6 Historiae II,9.
7 Liber historiae Francorum c.9.
8 Historiae II,12.
9 Fredegar III,11.
10 Liber historiae Francorum c.6f.
11 Historiae II,12.
12 Düwel, Epigraphische Zeugnisse, S. 551.
13 Ewig, Franken und Rom, S. 34.
14 Historiae II,11.
15 Fredegar II,56.
16 Liber historiae Francorum c. 6.
17 Liber historiae Francorum c. 7.
18 MGH SS rer. Merov. VII, S. 854.
19 Ewig, Namengebung, S. 49.
20 MGH AA XI, S. 33.
21 MGH AA XI, S. 232.
22 Chronica minora S. 664.

23 MGH AA XI, S. 33. Nach Fredegar II,56 – als sicheres Faktum – »ging er an Gift zugrunde«.
24 Historiae II,18.
25 Ebd.
26 Liber historiae Francorum c.8.
27 Historiae II,19.
28 Ewig, Franken und Rom, S. 35.
29 Vita Lupi c.10.
30 Geuenich, Geschichte, S. 75.
31 Demandt, Spätantike, S. 147.
32 Springer, Sachsen, S. 55.
33 Wolfram, Odowakar, S. 574.
34 Anton, Trier im Übergang, S. 22.
35 Epistulae Austrasicae nr. 23.
36 Sidonius, Epist. IV,17.
37 Auspicius Str. 13; ähnlich im Sidonius-Brief *par ducibus antiquis*.
38 Sidonius, Epist. IV,17,2.
39 Auspicius Str. 38.
40 Demougeot, Formation II, S. 678.
41 CIL XIII 1/1 nr. 2601.
42 Anton, Trier im Übergang, S. 51.
43 Chronica minora S. 311.
44 Heinzelmann/Poulin, Les vies.
45 Heinzelmann, Zum Stand, S. 546.
46 Vita Genovefae c.26.
47 Vita Genovefae c.35.
48 Heinzelmann, Zum Stand, S. 547.
49 Historiae II,27; Liber historiae Francorum c.9.
50 Fredegar III,15.
51 Fredegar II,56.
52 Ewig, Merowinger, S. 17.
53 Epistulae Austrasicae nr. 2.
54 MGH SS rer. Merov. VII, S. 854.
55 Chiflet, Anastasis.
56 Brulet, Tournai, S. 165.

Kapitel 5 Lebensform und Kultur der Franken

1 Böhme, Protokoll, S. 29.
2 Koch, Stätten der Totenruhe, S. 727.
3 Böhme, Protokoll, S. 29.
4 Lorren, Beobachtungen, S. 746.

5 Ebd.
6 Pactus XVI,1–5.
7 Pactus XXIV,1–4.
8 Pactus XLV,1–3.
9 Geisler, Haus und Hof, S. 771.
10 Pactus XLI,9.
11 Pactus, Extravagantes 31,2a.
12 Geisler, Haus und Hof, S. 772f.
13 Germania 5,1: Altes Germanien I, S. 131.
14 Pactus II,1–16.
15 Pactus III,1–7.
16 Pactus IV,1–4.
17 Pactus V,1–2.
18 Pactus VII,4.
19 Pactus VIII,1–4.
20 Pactus XXXVIII,1–8.
21 Pactus VI,1–3.
22 Pactus XXVII,5 und 23f.
23 Pactus XXVII,7.
24 Pactus XXVII,10.
25 Pactus XXVII,8 und 12f.
26 Pactus XXVII,19f.
27 Pactus XXXIII,1–3.
28 Sidonius, Paneg. V,218–229.
29 Sidonius, Epist. IV,20,1–3; Übers. weitgehend nach Kaufmann, Studien, S. 157f.
30 Sidonius, Paneg. V,238–253; Übers. weitgehend nach Kaufmann, Studien, S. 155.
31 Siegmund, Kleidung, S. 695.
32 Ebd. S. 691.
33 Zeller, Tracht der Frauen, S. 675.
34 Ebd. S. 678.

Kapitel 6   Schluss: Ein auserwähltes Volk?

1 Lex Salica, Recensio Pippina § 1.
2 Fredegar II,4–6,8,9.
3 Ewig, Geschichtsbild, S. 45.
4 Fredegar III,2.
5 Plassmann, Origo gentis, S. 154.
6 Liber historiae Francorum c.1.
7 Ebd.

8 Ewig, Geschichtsbild, S. 46.
9 Liber historiae Francorum c.2.
10 Gesta episcoporum Mettensium S. 264.
11 Hibernicus exul, S. 398.
12 Graus, Troja, S. 36.
13 Ebd. S. 37.
14 Z.B. Annolied XXIII; Otto von Freising, Weltchronik I,25.
15 D H III. 207.
16 Das Annolied, Kommentar, S. 97.

7 Zeittafel

seit 256/57	Einfälle germanischer Gruppen (wohl Franken und Alemannen) von See her über die Küstengebiete der Belgica und der *Aremorica* und über den Limes.
259	Der Usurpator Postumus sichert noch einmal die Grenze. Begründung des sog. Gallischen Sonderreiches (bis 274).
275/76	(Proto)Franken stoßen über den niedergermanischen Limes vor; Zerstörung zahlreicher Kastelle (u. a. Krefeld-Gellep) und der Metropole Trier.
276–282	Kaiser Probus gelingen einige Abwehrerfolge. Er siedelt kriegsgefangene Franken am Schwarzen Meer an, die in einem abenteuerlichen Zug durch die Straße von Gibraltar in ihre Heimat zurückkehren.
287–289	Offensive Kaiser Maximians, der das gefährdete Trier rettet. Zweimal überschreitet er den Rhein, ein fränkischer (chamavischer?) König Gennobaudes unterwirft sich. Daraufhin Verträge mit fränkischen Stämmen.
	Fränkische und sächsische Piraten bedrohen die Küsten Nordgalliens und Südenglands; sie werden vom Admiral Carausius besiegt, der dann mit ihrer Hilfe ein britannisches Sonderreich errichtet.
291	Erstes zeitgenössisches Zeugnis für den Frankennamen.
294/95	Der zum Caesar erhobene Constantius Chlorus vertreibt eingedrungene Franken aus der Batavia; einige Zurückgebliebene werden als Laeten angesiedelt. Constantius sichert für ein Jahrzehnt den Frieden.

306	Nach Constantius' Tod fränkische Einfälle in linksrheinische Gebiete. Erhebung Konstantins I. zum Augustus, dessen Herrschaft von Anfang an im Zeichen des Verteidigungskampfes gegen die Franken steht.
307/08	Strafaktionen gegen die Eindringlinge; Zug gegen die Brukterer. Grausame Bestrafung zweier Frankenkönige, Ascarius und Merogaisus. In der Folge Stabilisierung der Rheingrenze (Errichtung einer Rheinbrücke bei Köln).
313	Konstantin wehrt erfolgreich einen neuerlichen fränkischen Einfall über den Rhein ab. Die anschließende lange Friedenszeit kommt auch den Franken zugute und erlaubt ihnen verstärkt wirtschaftliche Kontakte mit dem Römischen Reich.
341	Vier Jahre nach Konstantins Tod erneuter fränkischer Überfall auf gallisches Gebiet, von Constans erfolgreich abgewehrt. Friedensschluss bringt für mehrere Jahre Ruhe an den Grenzen.
352 ff.	Neue schwere Einbrüche der Germanen führen zum Zusammenbruch der Rheinlinie; Festungen werden zerstört, Köln fällt in fränkische Hand.
356 ff.	Der Caesar Julian schafft eine Wendung der militärischen Lage; Köln wird zurückgewonnen.
358/59	Julian weist den salischen Franken Siedelland in Toxandrien zu. Er wehrt einen chamavischen Einfall erfolgreich ab. Wiederaufbau zerstörter Grenzfestungen am Rhein.
360	Julians siegreicher Zug gegen die Chattuarier; Siegestitel *Francicus maximus*.
369/70	Valentinian I. sichert die Rheingrenze durch ein umfassendes Festungssystem. Verstärkt Aufnahme fränkischer Söldner ins römische Heer.
372–388	Unter Valentinian I. und Gratian erlangen vier Franken die militärische Spitzenposition als Heermeister (Merobaudes, Richomer, Bauto, Arbogast).
378	Im Kampf gegen die Alemannen tritt der *rex Francorum* Mallobaudes als Kommandant hervor.

388	Unter Führung von Gennobaudes, Marcomer und Sunno durchbrechen fränkische Stammesgruppen den Limes und verwüsten die Umgebung von Köln, werden aber von den Römern abgewehrt.
389	Erneuter Vorstoß der Franken über den Rhein; Valentinian verhandelt mit Marcomer und Sunno und begnügt sich mit Geiselstellung.
392–394	Arbogast führt einen Rachefeldzug gegen die Franken und verheert Gebiete der Brukterer und Chamaven.
394	Mit Arbogasts Selbstmord endet vorerst die Tradition von Franken in höchsten Kommandostellen des römischen Heeres.
395/96	Der Heermeister Stilicho zieht zum Rhein und erneuert die Verträge mit den Franken. Der in seiner Bündnistreue angezweifelte Marcomer wird verbannt, Sunno von eigenen Leuten ermordet.
Um 400	Aus Sicherheitsgründen Verlegung der gallischen Präfektur von Trier nach Arles.
406/07	Alanen, Wandalen und Donausweben stoßen ins Rhein-Maingebiet vor; Franken schlagen die Vandalen, werden aber dann von den Alanen unter Respendial besiegt. Bei Mainz überqueren die Sieger den Rhein. Verheerender Zug der Barbaren über Trier und Metz in die Belgica II.
407	Der Usurpator Konstantin (III.) schließt zur Sicherung der Rheingrenze Verträge mit Franken und Alemannen.
411	Konstantin (III.) wird in seinem Entscheidungskampf gegen Kaiser Honorius von Franken und Alemannen unterstützt, unterliegt aber.
413	Die Franken erobern Trier zum zweiten Mal.
418/20	Dritte Plünderung Triers durch die Franken.
428	Der Heermeister Aetius besiegt niederrheinische Franken und weist ihnen nach ihrer förmlichen Unterwerfung Siedelplätze zu. Konsolidierung der römischen Herrschaft in Gallien.
428/35	Vierte Eroberung Triers durch die Franken.

um 446	Salische Franken unter Führung ihres Königs Chlodio durchqueren den Kohlenwald und stoßen ins Artois vor, werden aber zunächst beim *vicus Helena* zurückgeschlagen.
446 ff.	Chlodio nimmt Cambrai ein und erobert das Land bis zur Somme.
451	In der Schlacht auf den Katalaunischen Feldern gegen die Hunnen wird Aetius auch von (rhein)fränkischen Verbänden unterstützt. Die Franken sind aber uneinig; auch Attila findet Helfer unter den Franken.
455	Nach der Ermordung des Aetius und des Kaisers Valentinian III. erfolgen neue Angriffe der Franken auf Gallien.
um 459	Nach längerer Belagerung wird Köln von den Franken eingenommen.
463	Erstes sicheres Zeugnis für Childerich als König der Salfranken. Mit dem römischen Heer kämpft er unter dem Oberbefehl des gallischen Heermeisters Aegidius siegreich gegen die Westgoten bei Orléans.
464	Tod des Aegidius, dessen Machtstellung mit dem Zentrum Soissons nach anfänglichen Wirren auf seinen Sohn Syagrius übergeht. Childerich dringt in Paris ein.
469/70	Angriff des westgotischen Königs Eurich auf eine Koalition der Römer, Bretonen und Franken, der bei Orléans durch römische Verbände unter dem *comes* Paulus und Franken unter Childerich zurückgeschlagen wird. Die von sächsischen Seekriegern bedrohte Stadt Angers wird von Franken entsetzt.
470 ff.	Der fränkische *comes* Arbogast hält in Trier und der Moselprovinz die römische Herrschaft aufrecht, bis die inzwischen mit den Burgundern verbündeten Rheinfranken kriegerisch gegen Trier vorgehen.
482	Tod Childerichs und Bestattung in seiner Residenz Tournai. Sein Sohn Chlodwig übernimmt die *administratio Secundae Belgicae*.

Verzeichnis der Abkürzungen

CIL	Corpus Inscriptionum Latinarum
CCSL	Corpus Christianorum, Series latina
DA	Deutsches Archiv für Erforschung des Mittelalters
FMSt	Frühmittelalterliche Studien
Fs.	Festschrift
HZ	Historische Zeitschrift
Jb./Jbb.	Jahrbuch, Jahrbücher
MIÖG	Mitteilungen des Instituts für österreichische Geschichtsforschung
MGH	Monumanta Germaniae Historica
MPL	J. P. Migne, Patrologiae cursus completus sive bibliotheca universalis ... omnium ss. Patrum series latina
ND	Nachdruck/Neudruck
RE	Realencyklopädie der classischen Altertumswissenschaften (Pauly-Wissowa)
RGA	Reallexikon der germanischen Altertumskunde, 2. Auflage
Rh. Vjbll.	Rheinische Vierteljahrsblätter
TRW	The Transformation of the Roman World
VuF	Vorträge und Forschungen, hg. vom Konstanzer Arbeitskreis für mittelalterliche Geschichte
Zs.	Zeitschrift

8 Quellen und Literatur

8.1 Quellen

Altes Germanien. Auszüge aus den antiken Quellen über die Germanen und ihre Beziehungen zum Römischen Reich. Quellen der Alten Geschichte bis zum Jahre 238 n. Chr., hg. und übersetzt von Hans-Werner Goetz und Karl-Wilhelm Welwei, Teil 1 und 2 (Ausgewählte Quellen zur deutschen Geschichte des Mittelalters – Freiherr vom Stein-Gedächtnisausgabe Bd. I a), Darmstadt 1995 [Altes Germanien I/II].

Annales Quedlinburgenses, hg. von Martina Giese. In: MGH SS rer. Germ. in us. schol. 72.

Das Annolied. Mittelhochdeutsch und neuhochdeutsch. Hg., übers. und kommentiert von Eberhard Nellmann, Stuttgart 1975.

Beda der Ehrwürdige, Kirchengeschichte des englischen Volkes, übers. von Günter Spitzbart, 2 Teilbde. (Texte zur Forschung Bd. 34), Darmstadt 1982.

Chronica minora saec. IV. V. VI. VII., ed. Theodorus Mommsen, vol. I. In: MGH AA IX.

Chronicarum quae dicuntur Fredegarii scholastici libri IV cum continuationibus, ed. Bruno Krusch, in: MGH SS rer. Merov. II, S. 1–193. [Fredegar]

Epistulae Austrasicae, ed. W. Gundlach. In: CSSL CXVII, Turnhout 1957.

Ermold le Noir, Poème sur Louis le Pieux et Épitres au roi Pépin, éd. et trad. E. Faral, Paris 1932 (ND 1964).

S. Eusebii Hieronymi vita s. Hilarionis. In: MPL 23, Sp. 29–64.

Die Germanen in der Völkerwanderung. Auszüge aus den antiken Quellen über die Germanen von der Mitte des 3. Jahrhunderts bis zum Jahre 453 n. Chr., hg. und übers. von Hans-Werner-Goetz, Steffen Patzold und Karl-Wilhelm Welwei, Teil 1 und 2, Darmstadt 2006/07 (= Ausgewählte Quellen zur deutschen Geschichte des Mittelalters – Freiherr vom Stein-Gedächtnisausgabe Bd. I b). [Germanen in der Völkerwanderung I/II].

Die Gesetze des Karolingerreiches 714–911, hg. von Karl August Eckhardt. I: Lex Salica: Recensio Pippina. Zweite Bearbeitung, Weimar 1953 (Germanenrechte – Texte und Übersetzungen Bd. 2).

Die Gesetze des Merowingerreiches 481–714, hg. von Karl August Eckhardt, Weimar 1935 (Germanenrechte – Texte und Übersetzungen Bd. 1).

Gregor von Tours, Zehn Bücher Geschichten. Bde. 1–2. Aufgrund der Übersetzung W. Giesebrechts neubearbeitet von Rudolf Buchner, Darmstadt 1959 (= Ausgewählte Quellen zur deutschen Geschichte des Mittelalters – Freiherr vom Stein-Gedächtnisausgabe Bde. II/III). [Historiae].

Hibernici exulis carmina, ed. Ernst Dümmler, in: MGH Poet. Lat. I, S. 395–412.

Historia Brittonum cum additamentis Nennii, ed. Theodorus Mommsen, in: MGH AA XIII, S. 111–222.

Isidori Hispalensis episcopi Etymologiarum sive originum libri XX, recognovit W. M. Lindsay, Bde. I–II, Oxford 1911 (ND 1966).

Itineraria Romana II: Ravennatis Anonymi Cosmographia, ed. Joseph Schnetz, o. O. 1940.

Joannis Lydi De magistratibus populi Romani libri tres, ed. Ricardus Wuensch, Leipzig 1903 (ND Stuttgart 1967).

Liber historiae Francorum, ed. Bruno Krusch, in: MGH SS rer. Merov. II, S. 215–328.

Notitia dignitatum, hg. von Otto Seeck, Frankfurt 1876 (ND 1983).

Origo Francorum duplex, ed. Bruno Krusch, in: MGH SS rer. Merov. VII, S. 523–528.

Otto Bischof von Freising, Chronik oder Die Geschichte der zwei Staaten. Übers. von Adolf Schmidt, hg. von Walther Lammers, Darmstadt 1961 (= Ausgewählte Quellen zur deutschen Geschichte des Mittelalters – Freiherr vom Stein-Gedächtnisausgabe Bd. XVI).

Pauli Warnefridi Liber de episcopis Mettensibus, ed. Georg Heinrich Pertz, in: MGH SS II, S. 260–268.

Die Reichschronik des Annalista Saxo, hg. von Klaus Nass. In: MGH SS XXXVII.

Salviani presbyteri Massiliensis libri qui supersunt, rec. Carolus Halm. In: MGH AA I.

Sidonius, Poems and Letters, ed. W. B. Anderson. 2 Bde., London/ Cambridge (Mass.) 1963/65.
Vita Genovefae virginis Parisiensis, ed. Bruno Krusch. In: MGH SS rer. Merov. III, S. 204–238.
Vita Lupi episcopi Trecensis, ed. Bruno Krusch. In: MGH SS rer. Merov. III, S. 117–124.
Widukindi monachi Corbeiensis Rerum Saxonicarum libri III, ed. Paul Hirsch et Hans-Eberhard Lohmann. In: MGH SS rer. Germ. in us. schol. 60.

8.2 Literatur

Akkulturation. Probleme einer germanisch-romanischen Kultursynthese in Spätantike und frühem Mittelalter, hg. von Dieter Hägermann, Wolfgang Haubrichs, Jörg Jarnut, Berlin/New York 2004 (=RGA Erg.-Bd. 41).
Ament, H[ermann], Franken II: Archäologisches. In: RGA IX, S. 387–414.
Ament, Hermann, Die Franken in den Römerstädten der Rheinzone. In: Die Franken I, S. 129–137.
Ament, Hermann, Frühe Funde und archäologische Erforschung der Franken im Rheinland. In: Die Franken I, S. 23–34.
Ament, H[ermann], Reihengräberfriedhöfe. In: RGA XXIV, S. 362–365.
Anton, H[ans] H[ubert], Francia Rinensis. In: RGA IX, S. 369–373.
Anton, H[ans] H[ubert], Franken III: Historisches. In: RGA IX, S. 414–435.
Anton, H[ans] H[ubert], Origo gentis. In: RGA XXII, S. 189–195.
Anton, Hans Hubert, Trier im Übergang von der römischen zur fränkischen Herrschaft. In: Francia 12 (1984) S. 1–52.
Anton, Hans Hubert, Trier im frühen Mittelalter, Paderborn 1987.
Anton, Hans Hubert, Troja-Herkunft, origo gentis und frühe Verfaßtheit der Franken in der gallisch-fränkischen Tradition des 5. bis 8. Jahrhunderts. In: MIÖG 108 (2000) S. 1–30.
Banniard, Michel, Die Franken zwischen Spätlatein und Altfranzösisch. In: Die Franken I, S. 574–578.
On Barbarian Identity. Critical Approaches to Ethnicity in the Early Middle Ages, hg. von Andrew Gillett, Turnhout 2002 (= Studies in the Early Middle Ages 4).

Barceló, Pedro A., Roms auswärtige Beziehungen unter der constantinischen Dynastie (306–363), Regensburg 1981.
Becher, Matthias, »Herrschaft« im Übergang von der Spätantike zum Frühmittelalter. Von Rom zu den Franken. In: Von der Spätantike zum frühen Mittelalter: Kontinuitäten und Brüche, Konzeptionen und Befunde, hg. von Theo Kölzer und Rudolf Schieffer, Ostfildern 2009 (= VuF Bd. LXX), S. 163–188.
Beck, H[einrich], Franken I: Philologisches. In: RGA IX, S. 373f.
Beck, Heinrich/Steuer, Heiko (Hgg.), Haus und Hof in ur- und frühgeschichtlicher Zeit, Göttingen 1996.
Beisel, Fritz, Studien zu den fränkisch-römischen Beziehungen. Von ihren Anfängen bis zum Ausgang des 6. Jahrhunderts, Idstein 1987.
Bierbrauer, Volker, Romanen im fränkischen Siedelgebiet. In: Die Franken I, S. 110–120.
Böhme, Horst Wolfgang, Franken und Romanen im Spiegel spätrömischer Grabfunde. In: Franken und Alemannen S. 31–58.
Böhme, Horst Wolfgang, Der Frankenkönig Childerich zwischen Attila und Aetius. Zu den Goldgriffspathen der Merowingerzeit. In: Fs. für Otto-Hermann Frey zum 65. Geburtstag, Marburg 1994, S. 69–110.
Böhme, Horst Wolfgang, Germanische Grabfunde des 4. bis 5. Jahrhunderts zwischen unterer Elbe und Loire, München 1974.
Böhme, Horst Wolfgang, Migrantenschicksale. Die Integration der Germanen im spätantiken Gallien. In: Von der Spätantike zum frühen Mittelalter: Kontinuitäten und Brüche, Konzeptionen und Befunde. Protokoll Nr. 397 des Konstanzer Arbeitskreises für mittelalterliche Geschichte, Konstanz 2007, S. 28–30.
Böhme, Horst Wolfgang, Migrantenschicksale. Die Integration der Germanen im spätantiken Gallien. In: Von der Spätantike zum frühen Mittelalter: Kontinuitäten und Brüche, Konzeptionen und Befunde, hg. von Theo Kölzer und Rudolf Schieffer, Ostfildern 2009 (= VuF Bd. LXX), S. 35–59.
Böhme, Horst Wolfgang, Söldner und Siedler im spätantiken Nordgallien. In: Die Franken I, S. 91–101.
Böhner, K[urt], Childerich von Tournai III: Archäologisches. In: RGA IV, S. 441–460.
Böhner, Kurt, Die fränkischen Altertümer des Trierer Landes. 2 Bde., Berlin 1958.

Böhner, Kurt, Zur historischen Interpretation der sogenannten Laetengräber. In: Jb. des Römisch-Germanischen Zentralmuseums Mainz 10 (1963) S. 139–167.

Brather, Sebastian, Ethnische Interpretationen in der frühgeschichtlichen Archäologie. Geschichte, Grundlagen und Alternativen, Berlin/New York 2004 (= RGA Erg.-Bd. 42).

Brinker-von der Heyde, C[laudia], Hugdietrich. In: RGA XV, S. 197–200.

Brulet, Raymond, Les fouilles du quartier Saint-Brice à Tournai. L'environnement funéraire de la sépulture de Childéric. 2 Bde., Louvain-la-Neuve 1990/91.

Brulet, Raymond, Tournai und der Bestattungsplatz um Saint-Brice. In: Die Franken I, S. 163–170.

Brulet, Raymond, Verteidiger und Verbündete des Römischen Reiches. Germanen in römischen Diensten und das spätantike Befestigungssystem. In: Die Franken I, S. 85–90.

Callies, H[orst], Bataver. In: RGA II, S. 90f.

Castritius, H[elmut], Gennobaudes. § 2: Historisches. In: RGA XI, S. 77–79.

Castritius, H[elmut], Katalaunische Felder. In: RGA XVI, S. 328–331.

Castritius, H[elmut], Mallobaudes. In: RGA XIX, S. 186f.

Castritius, H[elmut], Richomeres. In: RGA XXIV, S. 573–575.

Castritius, H[elmut], Stammesbildung, Ethnogenese. In: RGA XXIX, S. 508–515.

Castritius, H[elmut], Sunno. In: RGA XXX, S. 135f.

Castritius, Helmut, Die spätantike und nachrömische Zeit am Mittelrhein, im Untermaingebiet und in Oberhessen. In: Alte Geschichte und Wissenschaftsgeschichte. Fs. für Karl Christ zum 65. Geburtstag, Darmstadt 1988, S. 57–78.

Castritius, Helmut, Die Vandalen (Urban-Taschenbücher 605), Stuttgart 2007.

Castritius, Helmut, Die Völkerlawine der Silvesternacht 405 oder 406 und die Gründung des Wormser Burgunderreichs. In: Die Burgunder. Ethnogenese und Assimilation eines Volkes, hg. von Volker Gallé, Worms 2008, S. 11–28.

Chiflet, Jean-Jacques, Anastasis Childerici I. Francorum regis, sive Thesaurus sepulchralis Tornaci Nerviorum effossus et Commentario illustratus, Antwerpen 1655.

Christ, Karl, Geschichte der römischen Kaiserzeit von Augustus bis zu Konstantin, München 1988.

The Construction of Communities in the Early Middle Ages. Resources and Artefacts, hg. von Richard Corradini, Max Diesenberger, Helmut Reimitz, Leiden 2003 (= TRW Bd. 12).
Corradini, R[ichard], Landnahme. In: RGA XVII, S. 602–611.
Dahlheim, W[erner], Aetius. In: RGA I, S. 91 f.
De Boone, Willem Jan, De Franken van hun eerste optreden tot de dood van Childerik, Amsterdam 1954.
Demandt, Alexander, Die Anfänge der Staatenbildung bei den Germanen. In: HZ 230 (1980) S. 265–291.
Demandt, Alexander, Geschichte der Spätantike. Das Römische Reich von Diocletian bis Justinian 284–565 n. Chr, München ²2008.
Demandt, Alexander, Der spätrömische Militäradel. In: Chiron 10 (1980) S. 609–637.
Demandt, Alexander, Die westgermanischen Stammesbünde. In: Klio 75 (1993) S. 387–406.
Demougeot, Emilienne, La formation de l'Europe et les invasions barbares. 2 Bde., Paris 1969/79.
Drinkwater, John F., The Gallic Empire. Separatism and Continuity in the North-Western Provinces of the Roman Empire, Stuttgart 1987.
Drinkwater, John/Elton, Hugh, Fifth-Century Gaul: A Crisis of Identity?, Cambridge 1992.
Düwel, K[laus], Arbogast. In: RGA I, S. 388.
Düwel, Klaus, Epigraphische Zeugnisse für die Macht der Schrift im östlichen Frankenreich. In: Die Franken I, S. 540–552.
Dumas, Françoise, La tombe de Childéric, père de Clovis, Paris 1982.
Ennen, Edith/Janssen, Walter, Deutsche Agrargeschichte. Vom Neolithikum bis zur Schwelle des Industriezeitalters, Wiesbaden 1979.
Ewig, Eugen, Die Civitas Ubiorum, die Francia Rinensis und das Land Ribuarien. In: Rh. Vjbll. 19 (1954) S. 1–29. (ND in: Ders., Spätantikes und fränkisches Gallien I, S. 472–503).
Ewig, Eugen, Die Franken am Rhein. Bemerkungen zu: Hans Kuhn, Das Rheinland in den germanischen Wanderungen. In: Aspekte der Nationenbildung im Mittelalter, hg. von Helmut Beumann und Werner Schröder, Sigmaringen 1978 (= Nationes Bd. 1), S. 109–126 (ND in: Ders., Spätantikes und fränkisches Gallien III, S. 103–120).

Ewig, Eugen, Die Franken und Rom (3.-5. Jahrhundert). Versuch einer Übersicht. In: Rh. Vjbll. 71 (2007) S. 1–42. (ND in: Ders., Spätantikes und fränkisches Gallien III, S. 121–162).

Ewig, Eugen, Frühes Mittelalter (Rheinische Geschichte Bd. I/2), Düsseldorf 1980.

Ewig, Eugen, Zum Geschichtsbild der Franken und den Anfängen der Merowinger. In: Mediaevalia Augiensia. Forschungen zur Geschichte des Mittelalters, Stuttgart 2001 (=VuF LIV), S. 43–58. (ND in: Ders., Spätantikes und fränkisches Gallien III, S. 59–74).

Ewig, Eugen, Die Merowinger und das Frankenreich (Urban-Taschenbücher 392), Stuttgart ⁵2006.

Ewig, Eugen, Die Merowinger und das Imperium. Rheinisch-Westfälische Akademie der Wissenschaften, Vorträge G 261, Opladen 1983.

Ewig, Eugen, Die Namengebung bei den ältesten Frankenkönigen und im merowingischen Königshaus. In: Francia 18/1 (1991) S. 21–69. (ND in: Ders., Spätantikes und fränkisches Gallien III, S. 163–211).

Ewig, Eugen, Probleme der fränkischen Frühgeschichte in den Rheinlanden. In: Historische Forschungen für Walter Schlesinger, hg. von Helmut Beumann, Köln/Wien 1974, S. 47–74. (ND in: Ders., Spätantikes und fränkisches Gallien III, S. 75–102).

Ewig, Eugen, Der Raum zwischen Selz und Andernach vom 5.bis zum 7. Jahrhundert. In: Von der Spätantike zum frühen Mittelalter. Aktuelle Probleme in historischer und archäologischer Sicht, hg. von Eugen Ewig und Joachim Werner, Sigmaringen 1979 (=VuF XXV), S. 271–296. (ND in: Ders., Spätantikes und fränkisches Gallien III, S. 417–442).

Ewig, Eugen, Spätantikes und fränkisches Gallien. Gesammelte Schriften (1952–1973), hg. von Hartmut Atsma. 2 Bde., München 1976/79. Bd. 3 (1974–2007), hg. von Matthias Becher, Theo Kölzer, Ulrich Nonn, Ostfildern 2009.

Ewig, Eugen, Trojamythos und fränkische Frühgeschichte. In: Franken und Alemannen S. 1–30.

Favrod, Justin, Histoire politique du royaume burgonde (443–534), Lausanne 1995.

Fouracre, Paul/Ganz, David (Hgg.), Frankland. The Franks and the World of the Early Middle Ages. Essays in Honour of Dame Jinty Nelson, Manchester/New York 2008.

Die Franken – Wegbereiter Europas. Vor 1500 Jahren: König Chlodwig und seine Erben. Katalog-Handbuch in zwei Teilen, Mainz 1996. [Die Franken I/II]

Die Franken und die Alemannen bis zur »Schlacht bei Zülpich« (496/97), hg. von Dieter Geuenich (Erg.-Bde. zum RGA Bd. 19), Berlin/New York 1998. [Franken und Alemannen]

Frye, David, Aegidius, Childeric, Odoacer and Paul. In: Nottingham Medieval Studies 36 (1992) S. 1–14.

Gallien in der Spätantike. Von Kaiser Constantin zu Frankenkönig Childerich, Mainz 1980.

Geary, Patrick J., Europäische Völker im frühen Mittelalter. Zur Legende vom Werden der Nationen, Frankfurt a. M. ²2002.

Geisler, Hans, Haus und Hof der Franken. In: Die Franken II, S. 769–773.

George, Judith W., Venantius Fortunatus. A Latin Poet in Merovingian Gaul, Oxford 1992.

Geuenich, Dieter, Geschichte der Alemannen (Urban-Taschenbücher 575), Stuttgart/Berlin/Köln ²2005.

Giese, Wolfgang, Die Goten (Urban-Taschenbücher 597), Stuttgart 2004.

Goetz, Hans-Werner, Zur Wandlung des Frankennamens im Frühmittelalter. In: Integration und Herrschaft S. 133–150.

Goffart, Walter, Barbarians and Romans. The Techniques of Accomodation, Princeton 1980.

Goffart, Walter, Rome's Fall and After, London 1989.

Goffart, Walter, The Supposedly »Frankish« Table of Nations: an Edition and Study. In: FMSt 17 (1983) S. 98–130.

Grahn-Hoek, Heike, Gab es vor 531 ein linksrheinisches Thüringerreich? In: Zs. des Vereins für Thüringische Geschichte 55 (2001) S. 15–56.

Grahn-Hoek, Heike, *Salii – Franci ipsi – (Gentes) qui et Franci*. Zur Ethnogenese der Franken und den Anfängen der fränkischen Südwestbewegung bis zum Ende des 4. Jahrhunderts. In: Rh. Vjbll. 69 (2005) S. 1–69.

Grand, Roger, Recherches sur l'origine des Francs, Paris 1965.

Graus, Frantisek, Troja und trojanische Herkunftssage im Mittelalter. In: Kontinuität und Transformation der Antike im Mittelalter, hg. von Willi Erzgräber, Sigmaringen 1989, S. 25–43.

Griffe, Elie, La Gaule chrétienne à l'époque romaine. Bde. 1–2, Paris ²1964/66; Bd. 3, Paris 1965.

Gross, Uwe, Die Ernährung. In: Die Franken II, S. 668–671.

Gysseling, Maurits, Toponymisch Woordenboek van Belgie, Nederland, Luxemburg, Noord-Frankrijk en West-Duitsland. Bde. 1–2, Tongern 1960.
Halsall, Guy, Barbarian Migrations and the Roman West, 376–568 (Cambridge Medieval Textbooks), Cambridge u. a. 2007.
Halsall, Guy, Movers and Shakers. The Barbarians and the Fall of Rome. In: From Roman Provinces to Medieval Kingdoms S. 277–291.
Halsall, Guy, The origins of Reihengräberzivilisation forty years on. In: Drinkwater/Elton S. 196–207.
Harries, Jill, Sidonius Apollinaris and the Fall of Rome. A. D. 407–485, Oxford 1994.
Haubrichs, Wolfgang, Fränkische Lehnwörter, Ortsnamen und Personennamen im Nordosten der Gallia. Die ›Gallia submersa‹ als Quelle der Sprach- und Siedlungsgeschichte. In: Franken und Alemannen S. 102–129.
Haubrichs, Wolfgang, Sprache und Sprachzeugnisse der merowingischen Franken. In: Die Franken I, S. 559–573.
Hauck, Karl, Lebensnormen und Kultmythen in germanischen Stammes- und Herrschergenealogien. In: Saeculum 6 (1955) S. 186–223.
Hauck, Karl, Von einer spätantiken Randkultur zum karolingischen Europa. In: FMSt 1 (1967) S. 1–93.
Heinrichs, J[ohannes], Sugambrer. In: RGA XXX, S. 124–127.
Heinrichs, J[ohannes], Usipeten/Usipier und Tenkterer. In: RGA XXXI, S. 572–576.
Heinzelmann, Martin, Gallische Prosopographie 260–527. In: Francia 10 (1982) S. 531–718.
Heinzelmann, Martin, Zum Stand der Genovefa-Forschung. In: DA 41 (1985) S. 532–548.
Heinzelmann, Martin/Poulin, Joseph-Claude, Les vies anciennes de sainte Geneviève de Paris. Études critiques, Paris/Genève 1986.
Henning, Joachim, Landwirtschaft der Franken. In: Die Franken II, S. 774–785.
Höfler, Otto, Der Sakralcharakter des germanischen Königtums. In: Das Königtum. Seine geistigen und rechtlichen Grundlagen, Konstanz 1956 (=VuF Bd. III) (ND Darmstadt 1965), S. 75–104.
Hoffmann, Dietrich, Die Gallienarmee und der Grenzschutz am Rhein in der Spätantike. In: Nassauische Annalen 84 (1973) S. 1–18.

Hoffmann, Dietrich, Das spätrömische Bewegungsheer und die Notitia Dignitatum. 2 Bde., Düsseldorf 1969/70.

Ihm, Maximilian, Franci. In: RE VII,1, Sp. 82–87.

Innes, Matthew, Introduction to Early Medieval Western Europe 300–900. The Sword, the Plough and the Book, London/New York 2007.

Innes, Matthew, State and Society in the Early Middle Ages. The Middle Rhine Valley 400–1000, Cambridge 2000.

Integration und Herrschaft. Ethnische Identitäten und soziale Organisation im Frühmittelalter, hg. von Walter Pohl und Maximilian Diesenberger (Forschungen zur Geschichte des Mittelalters Bd. 3), Wien 2002.

James, Edward, Cemeteries and the problem of frankish settlement in Gaul. In: Names, Words and Graves: Early medieval settlement, ed. by P. H. Sawyer, Leeds 1979, S. 55–89.

James, Edward, Childéric, Syagrius et la disparition du royaume de Soissons. In: Revue archéologique de Picardie 3/4 (1988) S. 9–12.

James, Edward, The Franks. Oxford ²1991.

Janssen, Walter/Lohrmann, Dietrich (Hgg.), Villa – curtis – grangia. Landwirtschaft zwischen Loire und Rhein von der Römerzeit zum Hochmittelalter, München 1983.

Jarnut, Jörg, Gregor von Tours, Frankengeschichte II,12: Franci Egidium sibi regem adsciscunt. In: Ethogenese und Überlieferung. Angewandte Methoden der Frühmittelalterforschung, hg. von Karl Brunner und Brigitte Merta, München 1994, S. 129–134.

Jones, A. H. M., The Later Roman Empire 284–602. A Social, Economic and Administrative Survey. 3 Bde., Oxford 1964 (ND 1986).

Kaiser, Reinhold, Die Burgunder (Urban-Taschenbücher 586), Stuttgart 2004.

Kaiser, Reinhold, Die Franken: Roms Erben und Wegbereiter Europas? (Historisches Seminar N. F. Bd. 10), Idstein 1997.

Kaiser, Reinhold, Das römische Erbe und das Merowingerreich. 3., überarb. und erw. Auflage (= Enzyklopädie deutscher Geschichte Bd. 26), München 2004.

Kampers, Gerd, Geschichte der Westgoten, Paderborn 2008.

Kaufmann, Frank-Michael, Studien zu Sidonius Apollinaris, Frankfurt a. M. u. a. 1995.

Kingdoms of the Empire. The Integration of Barbarians in Late Antiquity, hg. von Walter Pohl (TRW Bd. 1), Leiden 1997.

Kleiber, Wolfgang/Pfister, Max, Aspekte und Probleme der römisch-germanischen Kontinuität. Sprachkontinuität an Mosel, Mittel- und Oberrhein sowie im Schwarzwald, Stuttgart 1992.

Koch, Ursula, Stätten der Totenruhe – Grabformen und Bestattungsriten der Franken. In: Die Franken II, S. 723–737.

König, Ingomar, Die gallischen Usurpatoren von Postumus bis Tetricus, München 1981.

Lebecq, Stéphane, Les origines franques. V^e-IXe siècle (Nouvelle histoire de la France médiévale Bd. 1), Paris 1990.

Lebecq, Stéphane, The two faces of King Childeric. History, archeology, historiography. In: Integration und Herrschaft S. 119–132. (ND in: From Roman Provinces to Medieval Kingdoms S. 327–338).

Lorren, Claude, Einige Beobachtungen über das frühmittelalterliche Dorf in Nordgallien. In: Die Franken II, S. 745–753.

Lorren, Claude/Périn, Patrick, L'habitat rural du haut moyen âge (France, Pays-Bas et Danemark), Rouen 1995.

Loyen, André, Recherchse historiques sur les Panégyriques de Sidoine Apollinaire, Paris 1942.

Loyen, André, Sidoine Apollinaire et l'esprit précieux en Gaule aux derniers jours de l'empire, Paris 1943.

Martin, Jochen, Spätantike und Völkerwanderung (Oldenbourg Grundriss der Geschichte Bd. 4), München ^{4}2001.

Muhlberger, Steven, The Fifth-Century Chroniclers. Prosper, Hydatius and the Gallic Chronicler of 452, Leeds 1990.

Musset, Lucien, Les invasions: Les vagues germaniques, Paris ^{2}1969.

Neumayer, Heino, Geschichte der archäologischen Erforschung der Franken in Frankreich. In: Die Franken I, S. 35–42.

Nonn, U[lrich], Generatio regum et gentium. In: RGA XI, S. 56–58.

Nonn, Ulrich, Zur Verwaltungsorganisation in der nördlichen Galloromania. In: Franken und Alemannen S. 82–94.

Oldenstein, Jürgen, Die letzten Jahrzehnte des römischen Limes zwischen Andernach und Selz unter besonderer Berücksichtigung des Kastells Alzey und der *Notitia Dignitatum*. In: Staab, Franz (Hg.), Zur Kontinuität zwischen Antike und Mittelalter am Oberrhein (Oberrheinische Studien Bd. 11), Sigmaringen 1994, S. 69–112.

Périn, Patrick, Die archäologischen Zeugnisse der fränkischen Expansion in Gallien. In: Die Franken I, S. 227–232.

Périn, Patrick, La progression des Francs an Gaule du Nord au Ve siècle. Histoire et archéologie. In: Franken und Alemannen S. 59–81.

Périn, Patrick, À propos de publications étrangères récentes concernant le peuplement en Gaule à l'époque mérovingienne: la »question Franque«. In: Francia 8 (1980) S. 537–552.
Périn, Patrick/Feffer, Laure-Charlotte, Les Francs. 2 Bde., Paris ²1997.
Périn, Patrick/Kazanski, Michel, Das Grab Childerichs I. In: Die Franken I, S. 173–182.
Périn, Patrick/Kazanski, Mchel, Männerkleidung und Bewaffnung im Wandel der Zeit. In: Die Franken II, S. 707–711.
Petri, Franz, Die fränkische Landnahme und die Entstehung der germanisch-romanischen Sprachgrenze in der interdisziplinären Diskussion, Darmstadt 1977.
Petri, Franz (Hg.), Siedlung, Sprache und Bevölkerungsstruktur im Frankenreich (Wege der Forschung Bd. IL), Darmstadt 1973.
von Petrikovits, Harald, Altertum (Rheinische Geschichte Bd. I/1), Düsseldorf 1978.
von Petrikovits, H[arald], Brukterer. § 2: Historisches. In: RGA III, S. 582–585.
von Petrikovits, H[arald], Chamaver. § 2: Historisches. In: RGA IV, S. 368–370.
von Petrikovits, H[arald], Chattwarier. § 2: Historisches. In: RGA IV, S. 392f.
Piganiol, André, L'Empire chrétien (325–395). 2ᵉ éd. par André Chastagnol, Paris 1972.
Pirling, Renate, Krefeld-Gellep in der Spätantike. In: Die Franken I, S. 81–84.
Pirling, Renate, Krefeld-Gellep im Frühmittelalter. In: Die Franken I, S. 261–265.
Plassmann, Alheydis, Origo gentis. Identitäts- und Legitimationsstiftung in früh- und hochmittelalterlichen Herkunftserzählungen, Berlin 2006.
Pohl, Walter, Alemannen und Franken. Schlußbetrachtungen aus historischer Sicht. In: Franken und Alemannen S. 636–651.
Pohl, Walter, Die Anfänge des Mittelalters. Alte Probleme, neue Perspektiven. In: Hans-Werner Goetz/Jörg Jarnut (Hgg.), Mediävistik im 21. Jahrhundert. Stand und Perspektiven der internationalen und interdisziplinären Mittelalterforschung, München 2003, S. 361–378.
Pohl, Walter, Die Germanen (Enzyklopädie deutscher Geschichte Bd. 57), München ²2004.

Pohl, Walter (Hg.), Die Suche nach den Ursprüngen. Von der Bedeutung des frühen Mittelalters (Forschungen zur Geschichte des Mittelalters Bd. 8), Wien 2004.
Pohl, Walter, Die Völkerwanderung. Eroberung und Integration, Stuttgart 2002.
Portmann, Werner, Geschichte der spätantiken Panegyrik, Frankfurt a. M. u. a. 1988.
Postel, Verena, Die Ursprünge Europas. Migration und Integration im frühen Mittelalter, Stuttgart 2004.
Regna and Gentes. The Relationship between Late Antiquity and Early Medieval Peoples and Kingdoms in the Transformation of the Roman World, hg. von Hans-Werner Goetz, Jörg Jarnut, Walter Pohl (TRW Bd. 13), Leiden 2003.
Das Reich und die Barbaren, hg. von Evangelos K. Chrysos und Andreas Schwarcz, Wien/Köln 1989.
Reichmann, Christoph, Frühe Franken in Germanien. In: Die Franken I, S. 55–65.
Reimitz, H[elmut], Merobaudes. § 2: Historisches. In: RGA XIX, S. 572 f.
Rexroth, Frank, Franken § 25: Kulturgeschichtliche Aspekte. In: RGA IX, S. 447–461.
Riché, Pierre, Die Kultur im merowingischen Gallien (5.-8. Jahrhundert). In: Die Franken I, S. 365–372.
From Roman Provinces to Medieval Kingdoms, hg. von Thomas F. X. Noble, London/New York 2006.
Rosen, Klaus, Ammianus Marcellinus, Darmstadt 1982.
Rosen, Klaus, Die Völkerwanderung, München 2002.
Runde, Ingo, Die Franken und Alemannen vor 500. Ein chronologischer Überblick. In: Franken und Alemannen S. 656–690.
Scharf, Ralf, Ripari und Olibriones? Zwei Teilnehmer an der Schlacht auf den Katalaunischen Feldern. In: MIÖG 107 (1999) S. 1–11.
Schlesinger, Walter, Über germanisches Heerkönigtum. In: Ders., Beiträge zur deutschen Verfassungsgeschichte des Mittelalters, Bd. 1, Göttingen 1963, S. 53–87.
Schmidt, Berthold, Das Königreich der Thüringer und seine Eingliederung ins Frankenreich. In: Die Franken I, S. 285–297.
Schmidt, Ludwig, Aus den Anfängen des salfränkischen Königtums. In: Klio 16 (1941) S. 306–327.
Schmidt-Wiegand, Ruth, Rechtsvorstellungen bei den Franken und Alemannen vor 500. In: Franken und Alemannen S. 545–557.

Seebold, Elmar, Wann und wo sind die Franken vom Himmel gefallen? In: Beiträge zur Geschichte der deutschen Sprache und Literatur 122 (2000) S. 40–56.

Seyfarth, Wolfgang, Germanen in römischen Diensten im 4. Jahrhundert. In: Römer und Germanen in Mitteleuropa, hg. von Heinz Grünert, Berlin 1976, S. 241–252.

Siegmund, Frank, Alemannen und Franken, Berlin/New York 2000.

Siegmund, Frank, Alemannen und Franken. Archäologische Überlegungen zu ethnischen Strukturen in der zweiten Hälfte des 5. Jahrhunderts. In: Franken und Alemannen S. 558–580.

Siegmund, Frank, Kleidung und Bewaffnung der Männer im östlichen Frankenreich. In: Die Franken II, S. 691–706.

Springer, M[atthias], Ribuarier. In: RGA XXIV, S. 569–573.

Springer, Matthias, *Riparii* – Ribuarier – Rheinfranken nebst einigen Bemerkungen zum Geographen von Ravenna. In: Franken und Alemannen S. 200–269.

Springer, Matthias, Die Sachsen (Urban-Taschenbücher Bd. 598), Stuttgart 2004.

Springer, Matthias, Gab es ein Volk der Salier? In: Nomen et gens. Zur historischen Aussagekraft frühmittelalterlicher Personennamen, hg. von Dieter Geuenich, Wolfgang Haubrichs, Jörg Jarnut (RGA Erg.-Bd. 16), Berlin u. a 1997, S. 58–83.

Springer, Matthias, Salier: Eigenname (*nomen proprium*) oder Begriffswort (*nomen appellativum*)? Zugleich ein Beitrag zur Geschichte der Völkerwanderungszeit. In: Patronymica Romanica 19 (2002), S. 177–197.

Springer, Matthias, Salier und Salisches Recht – Bemerkungen zu den Wörtern *Salii* und *Salicus*. In: Die Franken I, S. 485–487.

Staab, Franz, Die Rheinfranken und das Reich von Köln. In: Die Franken I, S. 237–240.

Staab, Franz, Les royaumes francs au Ve siècle. In: Clovis. Histoire et mémoire, hg. von Michel Rouche, Bd. 1, Paris 1997, S. 539–566.

Steuer, Heiko, Frühgeschichtliche Sozialstrukturen in Mitteleuropa, Göttingen 1982.

Strategies of Distinction. The Construction of Ethnic Communities, 300–800, hg. von Walter Pohl (TRW Bd. 2), Leiden 1998.

Stroheker, Karl Friedrich, Germanentum und Spätantike, hg. von Olof Gigon, Zürich/Stuttgart 1965.

Stroheker, Karl Friedrich, Der senatorische Adel im spätantiken Gallien, Tübingen ²1970.

Theuws, Frans, Haus, Hof und Siedlung im nördlichen Frankenreich (6. −8. Jahrhundert). In: Die Franken II, S. 754−768.
Theuws, Frans/Hiddink, Henk A., Der Kontakt zu Rom. In: Die Franken I, S. 66−80.
Vallet, Françoise, Die Ausstattung der Kindergräber. In: Die Franken II, S. 712−715.
Vallet, Françoise,/Kazanski, Michel (Hgg.), La noblesse romaine et les chefs barbares du IIIe au VIIe siècle, Paris 1995.
van Dam, Raymund, Leadership and Community in Late Antique Gaul, Berkeley/London 1985.
van Ossel, Paul, Die Gallo-Romanen als Nachfahren der römischen Provinzialbevölkerung. In: Die Franken I, S. 102−109.
Vössing, K[onrad], Rikimer. In: RGA XXIV, S. 634−636.
Vössing, K[onrad], Syagrius. In: RGA XXX, S. 213f.
Waas, Manfred, Germanen im römischen Dienst im 4. Jahrhundert n. Chr., Bonn ²1971.
Wagner, Fritz, Die politische Bedeutung des Childerich-Grabfundes von 1653, München 1973.
Weidemann, Margarete, Kulturgeschichte der Merowingerzeit nach den Werken Gregors von Tours. 2 Bde., Mainz 1982.
Wenskus, R[einhard], Aegidius. In: RGA I, S. 86f.
Wenskus, R[einhard], Amsivarier. In: RGA I, S. 257.
Wenskus, R[einhard], Chauken. II: Historisches. In: RGA IV, S. 394−398.
Wenskus, R[einhard], Chlodio. In: RGA IV, S. 477f.
Wenskus, Reinhard, Stammesbildung und Verfassung. Das Werden der frühmittelalterlichen gentes, Köln/Wien ²1977.
Werner, Joachim, Childerichs Pferde. In: Germanische Religionsgeschichte, hg. von Heinrich Beck, Detlev Ellmers und Kurt Schier, Berlin/New York 1992, S. 145−161.
Werner, Joachim, Kriegergräber aus der ersten Hälfte des 5. Jahrhunderts zwischen Schelde und Weser. In: Bonner Jbb. 158 (1958) S. 372−413.
Werner, Karl Ferdinand, La »conquête franque« de la Gaule. Itinéraires historiographiques d'une erreur. In: Bibliothèque de l'Ecole des Chartes 154 (1996) S. 7−45.
Werner, Karl Ferdinand, Die Ursprünge Frankreichs bis zum Jahr 1000. Übers. von Cornelia und Ulf Dirlmeier, Stuttgart 1989 (ND München 1995).
Wickham, Chris, Framing the Early Middle Ages. Europe and the Mediterranean, 400−800, Oxford 2005.

Wieczorek, Alfried, Die Ausbreitung fränkischer Herrschaft in den Rheinlanden vor und seit Chlodwig I. In: Die Franken I, S. 241–260.

Wirth, Gerhard, Attila – Das Hunnenreich und Europa (Urban-Taschenbücher 467), Stuttgart 1999.

Wolfram, H[erwig], Odowakar. § 2: Historisches. In: RGA XXI, S. 573–575.

Wolfram, H[erwig], Origo gentis. § 1: Allgemeines. In: RGA XXII, S. 174–178.

Wolfram, Herwig, Das Reich und die Germanen. Zwischen Antike und Mittelalter, Berlin 1990.

Wolfram, Herwig, Typen der Ethnogenese. Ein Versuch. In: Franken und Alemannen S. 608–627.

Wolfram, Herwig/Schwarcz, Andreas (Hgg.), Anerkennung und Integration. Zu den wirtschaftlichen Grundlagen der Völkerwanderungszeit, Wien/Köln 1989.

Wood, Ian (Hg.), Franks and Alemanni in the Merovingian Period. An Ethnographic Perspective, Woodbridge/San Marino 1998.

Wood, Ian, Defining the Franks. Frankish origins in early medieval historiography. In: From Roman Provinces to Medieval Kingdoms S. 110–119.

Wood, Ian, The Merovingian Kingdoms 450–751, London/New York 1994.

Zeller, Gudula, Tracht der Frauen. In: Die Franken II, S. 672–683.

Zöllner, Erich, Geschichte der Franken bis zur Mitte des sechsten Jahrhunderts, München 1970.

Register

Personen- und Völkernamen

Nicht aufgenommen wurden die immer wieder genannten Völkernamen Franken, Gallier, Germanen, Romanen, Römer sowie die Namen moderner Historiker.

Adovacrius, sächsischer Anführer 102, 103
Aegidius, Heermeister 92, 93, 96–98, 100–102, 105, 108–110
Aeneas, erster König der Latiner 132, 133, 135
Aetius, römischer Feldherr 72, 77–79, 83, 85–87, 89, 90, 93, 94, 96
Agrippinus, Heermeister 96, 97
Alanen 13, 24, 65, 69, 70, 73, 85, 87, 102, 134
Alarich I., König der Westgoten 69, 73, 95
Albanus, Sohn des Istio 12
Alemannen 12, 16, 22, 32, 33, 36, 37, 47–50, 52, 57, 58, 62, 64, 65, 67, 71, 74, 97, 101–103
Allectus, Usurpator 41
Allobichus, Heermeister 71
Ambrosius, Kirchenvater 55
Ammianus Marcellinus, Geschichtsschreiber 17, 25–27, 31, 48–52, 57, 66

Ampsanen 23
Amsivarier 18, 21, 23, 24, 54, 62
Anchises, Vater des Aeneas 135
Angrivarier 24
Anianus, Bischof von Orléans 87
Annalista Saxo, Geschichtsschreiber 30
Ansegisel, Vater Pippins d. M. 135
Antenor, vornehmer Trojaner 133, 134
Anthemius, römischer Kaiser 109
Arbogast, Bischof von Chartres 106
Arbogast, *comes* in der Belgica I 103, 105, 106
Arbogast, Heermeister 18, 19, 21, 24, 55–57, 61, 62, 64, 69, 105
Arcadius, römischer Kaiser 56
Aremoricaner 79, 80
Arigius, Vater des *comes* Arbogast 105

Arnulf, Bischof von Metz 135
Ascarius, König der Brukterer?
  21, 22, 31, 42, 66
Ascyla, Gemahlin Richimers 73, 80
Athaulf, König der Westgoten 73
Attila, König der Hunnen 23, 84–87, 89, 93
Attuarier: Chattuarier
Augustinus, Kirchenvater 56
Augustus, römischer Kaiser 29
Aurelian, römischer Kaiser 39
Aurelius Victor, Geschichtsschreiber 15, 38
Ausonius, Dichter 31
Auspicius, Bischof von Toul 105, 106
Avitus, römischer Kaiser 26, 27, 91, 95

Bagauden 40, 78
Basena, thüringischer Name 99
Basina, Gemahlin des Thüringerkönigs Bisin 98, 99
Basina, Tochter des fränkischen Königs Chilperich I. 99
Bastarnen 85
Bataver 30
Bauto, Franke in römischem Dienst 55
Beda Venerabilis, Geschichtsschreiber 23
Belger 17
Bellonoten 85
Beowulf 30
Bisin, König der Thüringer 98, 99
Bourbonen 112
Bretonen 101

Britto, sagenhafter Stammvater der Brittonen 12
Brittonen 12
Brukterer 16, 18–24, 28, 33, 43, 44, 54, 62, 85, 86, 93
Bucinobanten 31, 33, 57
Burgunder 71, 73, 75–78, 85, 94, 96, 106, 115

Caesar (Gaius Julius C.), römischer Staatsmann und Schriftsteller 28, 29, 33
Canninefaten 24
Carausius, Flottenkommandant 41
Cassiodor, Politiker und Schriftsteller 77
Castinus, römischer Befehlshaber 76
Chamaven 16–22, 24–26, 28, 31–33, 44, 51, 62, 66
Chatten 18, 24, 28, 33, 62
Chattuarier 24, 25, 28, 33, 52, 62
Chauken, 18, 23, 29–31
Cherusker 16, 24
Chiflet, Jean Jacques, Arzt 110, 111
Childerich, fränkischer König 37, 81, 83, 84, 92, 97–102, 107–113, 115
Chilperich I., fränkischer König 99
Chlodio, fränkischer König 37, 79–84, 90, 93
Chlodwig, fränkischer König 9, 26, 29, 30, 37, 83, 92, 99, 107, 109, 110, 134
Civilis, Führer des Bataveraufstands 30

Claudianus, Dichter 17, 21, 26, 27, 30–33, 62, 63, 65, 68, 73, 86
Constans, römischer Kaiser 12, 17, 46
Constans, Sohn Konstantins (III.) 72
Constantius I. (Chlorus), römischer Kaiser 19, 20, 25, 41, 42
Constantius II., römischer Kaiser 46–48, 51, 52
Constantius III., römischer Kaiser 75, 76
Crispus, Sohn Konstantins I. 45

Dänen 30
Dagobert I., fränkischer König 84
Diokletian, römischer Kaiser 15, 40
Domnicius, Briefpartner des Sidonius Apollinaris 127
Drusus, römischer Statthalter 19, 20, 30

Edobichus, Heermeister 71, 72
Ermoldus Nigellus, Dichter 14
Eudoxia, Tochter Bautos 56
Eugenius, Usurpator 56, 57, 62, 64
Eunapios, Geschichtsschreiber 66
Eutrop, Geschichtsschreiber 22, 39, 48

Francio, sagenhafter fränkischer König 11, 132, 134
Francus, sagenhafter Stammvater der Franken 12
Franz I., König von Frankreich 135
Friedrich, Bruder und Mitregent des westgotischen Königs Theoderich II. 101
Friesen 29, 30, 31
Friga, sagenhafter fränkischer König 11, 132

Galla Placidia, Tochter Theodosius' I. 75–77
Gallienus, römischer Kaiser 36, 38
Gaudentius, Sohn des Aetius 89
Gelonen 85
Genobaudes (I), fränkischer König 40, 41, 59, 63, 66
Genobaudes (II), fränkischer König 66
Genovefa, Heilige 107, 108
Geograph von Ravenna 93, 106
Gepiden 84, 88
Germanicus, Sohn des Drusus 21, 23, 24, 30
Gerontius, Heermeister 72
Goar, König der Alanen 73
Godegisel, König der Vandalen 64, 70
Goten 55, 58, 65, 68, 69, 71, 85, 88, 89, 101
Gratian, römischer Kaiser 32, 55, 58
Gregor, Bischof von Tours, Geschichtsschreiber 18–20, 22, 24, 29, 33, 59, 62–65, 73–76, 80–83, 85–87, 89, 90, 92, 94, 97–102, 108, 126, 133, 134
Gundowech, Gundiok, König der Burgunder 95, 97

Guntiarios, König der Burgunder 73

Heinrich III., römisch-deutscher König und Kaiser 135
Hektor, trojanischer Held 135
Heraclius, römischer Feldherr 61
Herkules 43
Hermann II., Erzbischof von Köln 135
Heruler 84
Hibernicus Exul, Dichter 135
Hieronymus, Kirchenvater 32, 33, 70, 75
Hisissio: Istio
Hispanier 12
Honorius, römischer Kaiser 22, 57, 62, 69, 71–73, 75, 76
Horaz, Dichter 29
Hugdietrich, Gestalt der Heldensage 31
Hugones, Hugas, poetischer Name für die Franken 30
Hunnen 69, 77, 78, 84, 86–89, 94, 98, 107
Hydatius, Geschichtsschreiber 77, 101, 109

Ingwäonen 29
Isidor, Bischof von Sevilla, Enzyklopädist und Geschichtsschreiber 11–14
Issio, Istwi, sagenhafter Sohn des Mannus 12

Jamblichus, Bischof von Trier 106
Johannes, Usurpator 76, 77
Johannes Lydos, byzantinischer Beamter und Schriftsteller 11, 134
Jordanes, Geschichtsschreiber 78, 85, 87–89
Jovianus, römischer Kaiser 52
Jovinus, Usurpator 73, 74
Julian (Apostata), römischer Kaiser 17, 19, 24–27, 46, 48–52, 66, 79
Julius Honorius, Dichter und Grammatiker 24
Julius Nepos, römischer Kaiser 109

Kampsianer 23
Karl der Große, fränkischer König und Kaiser 135
Kaulken 23
Kimbern 29
Konstantin I., römischer Kaiser 12, 15, 16, 19, 21–23, 31, 42, 44–46, 54, 66
Konstantin II., römischer Kaiser 46
Konstantin (III.), Usurpator 71–75

Lancionen 16
Lentienser 57
Leo I., oströmischer Kaiser 109
Leopold I., römisch-deutscher Kaiser 111
Leopold Wilhelm, Erzherzog von Österreich 110
Libanios, Schriftsteller 12, 13, 31
Libius Severus, römischer Kaiser 96
Lucius, Senator 90

Ludwig XIV., König von
 Frankreich 111
Ludwig der Fromme, fränkischer König und Kaiser 14
Lupus, Bischof von Troyes 102

Macrian, König der Bucinobanten 31, 57
Magnentius, Usurpator 46
Magnus Maximus, römischer Kaiser 55, 58–60
Maiorian, römischer Kaiser 79, 80, 95, 96, 126–128
Makedonen 133
Mallobaudes, fränkischer König 57, 66
Mallobaudes, Tribun der Leibgarde 66
Marcomer, fränkischer Kleinkönig 18, 24, 59, 61–66, 58
Maria, Tochter Stilichos 63
Marius, Bischof von Avenches, Geschichtsschreiber 101
Maurikios, oströmischer Kaiser 98
Maxentius, römischer Kaiser 44
Maximian, römischer Kaiser 40–42, 44
Maximilian I., römisch-deutscher König und Kaiser 135
Menapier 41
Menia, Gemahlin des Thüringerkönigs Bisin 99
Merobaudes, Franke in römischem Dienst 54, 55
Merobaudes, Panegyriker 78
Merogaisus, König der Brukterer? 21, 22, 31, 42, 66
Merowech, fränkischer König 83, 84, 87, 89, 97
Merowinger 83, 84, 97, 135

Minotaurus, mythisches Ungeheuer 83

Nannienus, Heermeister 57, 60
Napoleon I., Kaiser von Frankreich 112
Nazarius, Rhetor 16
Nebisgastes, König der Chamaven 66, 71
Nero, römischer Kaiser 23
Nervier 42
Neurer 85
Neviogastes, Heermeister 71

Odoakar, König von Italien 103, 109
Odovacrus: Adovacrius
Odysseus 81
Olympiodor, Geschichtsschreiber 73
Ostgoten 84

Parther 15
Paulus, römischer Befehlshaber 101, 102, 105, 108, 109
Paulus Diaconus, langobardischer Gelehrter und Geschichtsschreiber 135
Petronius Maximus, römischer Kaiser 95
Phryger 132
Pippin d. J., fränkischer Hausmeier und König 9, 132
Placidia, Tochter Kaiser Valentinians III. 89
Plinius d. Ä., Schriftsteller 29
Postumus, Usurpator 38
Priamus, trojanischer König 11, 132–134

Priarius, König der Lentienser 57
Priskos, Geschichtsschreiber 85, 86, 94
Probus, römischer Kaiser 14, 39, 40
Proculus, Usurpator 14, 40
Prosper Tiro, Geschichtsschreiber 77, 85, 88, 89, 93
Ptolemaios, Geograph 21, 29

Quaden 85
Quintinus, Heermeister 60, 62

Remigius, Bischof von Reims 29, 109
Renatus Profuturus Frigiredus, Geschichtsschreiber 64, 70, 73, 74, 76
Respendial, König der Alanen 64, 69, 70
Richimer, Vater des Theudomer 73, 74
Richomer, Franke in römischem Dienst 55, 73, 74, 95
Rikimer, Heermeister 95–97
Ripuarier 85
Romanus, sagenhafter Stammvater der Römer 12
Romulus Augustulus, römischer Kaiser 103, 107
Rugier 84, 103

Sachsen 23, 25, 29–32, 37, 46, 85, 101, 102
Salier, Salfranken 17, 25–27, 31, 50, 68, 79, 90, 93, 97, 100
Salvian von Marseille, Presbyter und Schriftsteller 15, 74, 75, 78, 79
Sangiban, König der Alanen 87

Sarmaten 85
Sassaniden 36
Schweizer 27
Sebastianus, Bruder des Jovinus 73
Sidonius Apollinaris, Bischof von Clermont, Dichter 26, 27, 33, 79, 80, 85, 86, 90, 93, 105, 106, 126–128
Sigismer, fränkischer Königssohn 97, 127
Silvanus, Usurpator 47, 48
Skiren 84, 103
Sokrates, Geschichtsschreiber 17
Stephanus, Märtyrer 87
Stilicho, Heermeister 17, 21, 26, 62, 63, 65, 68–71, 73, 74
Strabon, Geschichtsschreiber und Geograph 20, 21, 23, 24, 29
Sueben 29, 32, 69, 70, 78, 85
Sugambrer, Sigambrer 12, 17, 28, 29, 68, 134
Sulpicius Alexander, Geschichtsschreiber 18, 24, 33, 59, 60, 62–64, 94
Sunno, fränkischer Kleinkönig 18, 24, 59, 61–66, 68
Syagrius, römischer Statthalter in Gallien 37, 101, 106, 108–110

Tacitus, Geschichtsschreiber 12, 19–21, 23, 29, 81, 122
Tenkterer 19, 28, 37
Tetricus, Usurpator 38, 39
Teutonen 29
Theoderich II., König der Westgoten 85, 101

Theoderid, König der Westgoten 85, 88
Theodosius I., römischer Kaiser 55–59, 61, 62
Theodosius II., römischer Kaiser 76, 112
Theuderich I., fränkischer König 30
Theudomer, fränkischer König 73, 74, 80
Thorismund, Sohn des Westgotenkönigs Theoderid 85, 88
Thüringer 33, 80, 81, 85, 99, 103
Tiberius, römischer Kaiser 21, 24, 30
Torqui (Türken?) 132, 133
Torquotus, sagenhafter König der *Torqui* (Türken?) 132
Treverer 42
Tubanten 16, 19
Tungri 82

Ubier 28
Usipeter 19, 28, 37

Valens, römischer Kaiser 52, 58
Valentinian I., römischer Kaiser 52–55, 58
Valentinian II., römischer Kaiser 13, 18, 55, 56, 58, 59, 61, 134
Valentinian III., römischer Kaiser 76, 77, 89, 96
Valerian, römischer Kaiser 36
Vallia, König der Westgoten 95
Vandalen 65, 69, 70, 84, 86, 95, 96
Velleius Paterculus, Feldherr und Geschichtsschreiber 24
Vettius Rufinus, Praetorianerpraefekt 45

Westgoten 69, 75, 77, 85, 94, 96, 97, 100–102, 109
Widukind von Corvey, Geschichtsschreiber 30
Wiomad, Vertrauter König Childerichs 98
Wolfdietrich, Gestalt der Heldensage 31

Zeno, oströmischer Kaiser 109, 112
Zonaras, Geschichtsschreiber 38
Zosimos, Geschichtsschreiber 17, 25, 26, 39, 55

Orte, Gewässer und Räume

Adrianopel 55, 58, 95
Ägäis 40
Alpen 59, 69, 70, 112
Alzey 76
Amiens (dép. Somme) 39, 42, 70, 83
Amous (*pagus* bei Besançon) 20
Andernach 51
Angers (dép. Maine-et-Loire) 101, 102
Antiochia 12, 58
Antwerpen 50
Aquileia 56, 59
Aquitanien 70, 76

Arcis-sur-Aube (dép. Aube) 108
Aremorica (Provinz Rouen) 36
Argentaria (Horburg bei Colmar) 57
Arles (dép. Bouches-du-Rhône) 69, 71, 72, 74, 96
Arras (dép. Pas-de-Calais) 37, 70, 80
Artois 79, 126
Asberg (Moers) 81
Asciburgium (Moers-Asberg) 53
Asien 133
Asowsches Meer 133
Asperden (s. Kleve) 53
Autun (dép. Saône-et-Loire) 46, 47, 49
Auxerre (dép. Yonne) 49

Batavia: Betuwe
Bavai (dép. Nord) 39, 44, 49, 60, 83
Bayern 9
Beauvais (dép. Oise) 39, 42
Bergisches Land 21, 44
Betuwe (zw. Waal und Rhein) 25, 26, 37, 41, 46, 83
Bingen 51
Bitburg 39, 44
Bonn 39, 51, 69
Boppard 33, 51
Borachtra (*pagus*) 23
Bordeaux (dép. Gironde) 70
Boulogne (dép. Pas-de-Calais) 70
Brabant 50
Britannien, England 41, 42, 51, 58, 70, 72
Brohl (s. Bad Breisig) 90
Brüssel 83, 110
Brumath (n. Straßburg) 49

Bürgel, Haus Bürgel (s. Neuss) 44
Burgund 20, 25, 94

Cambrai (dép. Nord) 37, 80, 82, 83
Carbonaria silva: Kohlenwald
Castra Herculis (Druten am Waal?) 32, 51
Castra Vetera: Vetera
Châlons-sur-Marne (dép. Marne) 88, 103
Chalon-sur-Saône (dép. Seine-et-Loire) 39, 106
Chamavorum pagus: Amous
Champagne 87, 88
Chartres (dép. Eure-et-Loire) 106
Civitas Traianensium: Xanten
Colonia Ulpia Traiana: Xanten
Contiomagus (Pachten a. d. Saar) 44
Cuyk (Nordbrabant) 44, 53

Dänemark 30
Demer (Nebenfl. der Dijle) 26, 50
Déols (dép. Indre) 101
Deutz (Köln) 23, 43
Deventer 20
Diemel 33
Dijon (dép. Côte-d'Or) 20, 25
Dinant (Maas) 94
Dispargum: Duisburg
Don 133
Donau 24, 33, 45, 59, 69, 78, 84, 133
Doubs 20
Drenthe (niederl. Provinz) 34
Druten (nw. Nimwegen) 32
Duisburg 81

Orte, Gewässer und Räume 175

Duisburg (Brabant) 81–83

Elbe 29, 30, 114, 115
Élesmes (dép. Nord) 80
Elnes (dép. Pas-de-Calais) 80
Elnone (Nebenfl. der Scarpe) 80
Ems 20, 21, 23, 29, 30
Engers (bei Neuwied) 54
Etrurien 62

Frigidus (Nebenfl. des Isonzo, Slowenien) 57

Gap (dép. Hautes-Alpes) 46
Gascogne 70
Gellep, *Gelduba* (bei Krefeld) 38, 39, 44, 53, 54, 60, 69
Genf, Genfer See 78, 96
Gibraltar 40

Hamaland (*pagus*) 20
Harz 33
Hattuarien (*pagus*) 25
Hatuyer (*pagus*) 25
Hélesmes (dép. Nord) 80, 83
Herkynischer Wald, *silva Hercynia* 33
Hessen 33
Hugmerki (Landschaft zw. Groningen und Lauwerssee) 30
Huy (Maas) 94

Ijssel 20
Ijsselmeer 34
Illyrien, *Illyricum* 46, 59, 68, 70
Italien 44, 47, 58, 69, 72, 73, 76, 85, 96

Jülich 49
Jünkerath (Eifel) 39

Kassel 33
Katalaunische Felder, *Mauriaca* 87–89
Koblenz 49, 94
Köln 18–23, 36, 38, 39, 43, 44, 47–49, 59, 60, 62, 77–79, 92, 93, 106, 107, 116, 135
Kohlenwald, *silva Carbonaria* 60, 82, 83
Konstantinopel 98
Krefeld 38

Ladenburg 94
Lahn 28, 33, 37
Langres (dép. Haute-Marne) 42, 103
Lek 24
Lippe 19–21, 23, 24, 28
Löwen, Louvain 60, 83
Loire 81, 96, 97, 100, 101, 103
Loiret (Nebenfl. der Loire) 101
Lopodunum: Ladenburg
Loue (Nebenfl. des Doubs) 20
Lüttich 94
Lugdunensis (römische Provinz) 70
Lyon (dép. Rhône) 39, 58, 96, 97, 127

Maas 19, 25, 26, 28, 39, 49–51, 94
Maastricht 94
Maeotische Sümpfe, *Maeotis* (Asowsches Meer) 13, 133
Mailand 47, 49, 56, 58, 67, 69, 74
Main 33, 34, 69, 70
Mainz 33, 49, 57, 60, 70, 73, 75, 76, 78, 86, 90, 94
Makedonien 132

Mauriaca: Katalaunische Felder
Metz (dép. Moselle) 39, 70, 86, 94
Monheim (s. Neuss) 44
Mont Cenis 49
Mosel 92, 94, 106
Mundiacum (Mainz?) 73
Mursa (Osijek in Kroatien) 46

Namur 94
Narbonne (dép. Aude) 97
Narbonensis (römische Provinz) 70
Neckar 86
Neumagen (Mosel) 44
Neuss 32, 44, 47, 51, 60
Neuwied 86
Nienburg (Weser) 34
Nimwegen, Nijmegen 39
Nordsee 41

Oppenheim 90
Orléans (dép. Loiret) 87, 99, 101
Oude Rijn 25, 44
Overijssel 31

Paderborn 33
Pannonien (römische Provinz) 69, 86, 134
Paris 49, 107, 108
Phrygien 132
Piacenza 95
Provence 65
Pyrenäen 70

Quadriburgium: Qualburg
Qualburg (bei Kleve) 51

Raetien (römische Provinz) 52, 53, 69

Ravenna 69, 71, 72, 89
Reims (dép. Marne) 49, 70, 75
Remagen 49
Rhein 12, 17–25, 28, 31, 36–48, 50–53, 55, 58, 60, 62, 68–72, 76–78, 81, 82, 85, 86, 90, 94, 104, 111, 114, 133
Rheinzabern (sö. Landau) 49
Rhône 12, 85
Rom 16, 43, 86, 95, 105
Rouen (dép. Seine-Maritime) 36
Ruhr 23

Saint-Amand-les-Eaux (dép. Nord) 80
Salland (um Zwolle, Overijssel) 26
Saône 20, 25
Sapaudia, Savoyen 78, 96
Sarthe 42
Schelde 26, 41, 50
Schwarzes Meer 40, 112
Seine 37, 108
Selz, Seltz (dép. Bas-Rhin) 49
Sicambria (angeblich von flüchtigen Trojanern gegründete Stadt) 134
Sieg 28, 37
Sizilien 40
Soissons (dép. Aisne) 37, 97, 108
Somme 37, 82, 83, 90
Spanien 26, 38, 40, 46, 72
Speyer 49
Straßburg 49, 76
Syrakus 40

Tarragona 38
Taunus 33

Thrakien 58, 133
Thüringen 93, 97–99, 103
Thüringer Wald 33
Tiber 68
Tongern (nw. Lüttich) 26, 39, 44, 50, 82
Toul (dép. Meurthe-et-Moselle) 39, 94, 106
Toulouse (dép. Haute-Garonne) 89, 96, 109
Tournai (Hainaut) 70, 82, 83, 109, 110
Tours (dép. Indre-et-Loire) 79
Toxandrien 25, 26, 37, 50, 79, 82
Trainecourt (dép. Calvados) 117
Tricensimae (bei Xanten) 25, 51, 52
Trier 39, 40, 42, 44, 54, 56, 58–60, 66, 69, 70, 74–76, 78, 86, 90, 92, 94, 103, 105–107
Troia 132–135
Troyes (dép. Aube) 42, 49, 88, 103, 108

Utrecht 44

Valkenburg (Limburg) 44
Vecht (Overijssel) 28
Veluwe (bei Apeldoorn) 41
Venetien 69
Vetera (bei Xanten) 39, 47
Vicus Helena 79, 80, 83, 126, 128
Vienne (dép. Isère) 49, 56, 72
Vinxtbach (Nebenfl. des Rheins bei Bad Breisig) 90, 94

Waal 25, 46, 50
Weimar 99
Weser 24, 29, 33, 34
Westerwald 21
Wetterau 33
Worms 49, 75, 76, 78

Xanten 17, 25, 28, 52, 60, 77, 133, 135

York 42

Zwolle (Overijssel) 26

Martina Hartmann
Die Königin im frühen Mittelalter

2009. XXIV, 246 Seiten, 13 Stammtafeln. Kart. € 27,–
ISBN 978-3-17-018473-2

Dieses Buch behandelt die politische Geschichte der Königin im frühen Mittelalter: Die einzelnen Königinnen der großen Königreiche der Westgoten, der Langobarden, der Merowinger und der Karolinger werden erstmals umfassend vorgestellt, ihr Leben umrissen und ihre politische Bedeutung in einer Gesamtschau dargestellt. Darüber hinaus widmet sich das Buch ausgewählten, spannenden Aspekten der Königinnen im frühen Mittelalter, so z. B. ihrer Herkunft, ihrer Heiraten und Scheidungen, ihrer finanziellen Ausstattung, ihrem Tod und ihrem Begräbnis sowie ihrem Nachleben.

„Mit ihrer Abhandlung über die Königin im frühen Mittelalter leistet Martina Hartmann einen nützlichen Beitrag für das Verständnis der Geschichte mittelalterlichen Königinnentums."

Stefanie Dick, H-Soz-u-Kult

„Zweifellos ein nützliches Nachschlagewerk auch für Studierende."

Michael Borgolte, FAZ

www.kohlhammer.de

W. Kohlhammer GmbH · 70549 Stuttgart
Tel. 0711/7863 - 7280 · Fax 0711/7863 - 8430

Eugen Ewig
Die Merowinger und das Frankenreich

Mit Literaturnachträgen von Ulrich Nonn
5., aktual. Auflage 2006
274 Seiten, 2 Karten. Kart. € 18,–
ISBN 978-3-17-019473-1
Urban Taschenbücher, Band 392

Rudolf Schieffer
Die Karolinger

4., überarb. u. erw. Auflage 2006
266 Seiten, 6 Stammtafeln. Kart.
€ 17,–
ISBN 978-3-17-019099-3
Urban Taschenbücher, Band 411

Wilfried Hartmann
Karl der Große

2010. 333 Seiten, 10 Abb., 2 Tab.,
2 Karten. Kart. € 19,90
ISBN 978-3-17-018068-0
Urban-Taschenbücher, Band 643

 www.kohlhammer.de

W. Kohlhammer GmbH · 70549 Stuttgart
Tel. 0711/7863 - 7280 · Fax 0711/7863 - 8430

Grundkurs Geschichte

Herausgegeben von Michael Erbe

Diese Reihe erleichtert Studienanfängern des Faches Geschichte den Einstieg, ist aber auch so konzipiert, dass sie für Examenskandidaten eine wichtige Grundlage für die Auffrischung des allgemein notwendigen Geschichtswissens bildet. Geschrieben von erfahrenen Hochschullehrern werden vom Altertum bis in die jüngste Geschichte die notwendigen Basiskenntnisse in eingängiger, verständlich aufbereiteter Form vermittelt.

Jörg Schwarz

Das europäische Mittelalter I

Grundstrukturen, Völkerwanderung, Frankenreich

2006. 136 Seiten, 14 Abb., 9 Karten, 1 Stammtafel Kart. € 16,– ISBN 978-3-17-018972-0

Jörg Schwarz

Das europäische Mittelalter II

Herrschaftsbildung und Reich 900 – 1500

2006. 236 Seiten, 22 Abb., 17 Karten, 6 Stammtafeln Kart. € 20,– ISBN 978-3-17-019719-0

▶ www.kohlhammer.de

W. Kohlhammer GmbH · 70549 Stuttgart
Tel. 0711/7863 - 7280 · Fax 0711/7863 - 8430